LE CONSEIL

DES COLONS

DE SAINT-DOMINGUE,

DE

LEURS CRÉANCIERS ET AYANT-CAUSE;

OUVRAGE QUI CONTIENT :

1°. La Loi expliquée par les Motifs, par la Discussion, *par le Rapport de la Commission préparatoire* ;

2°. Un Commentaire de cette Loi, et la solution des questions qu'elle fait naître ;

3°. L'Ordonnance d'exécution ;

4°. Un Tableau chronologique des Lois sur les Successions ;

PAR M. L. BAZILE,

AVOCAT A LA COUR ROYALE DE PARIS.

A PARIS,

CHEZ EUGÈNE RENDUEL, ÉDITEUR,
RUE DES GRANDS-AUGUSTINS, N° 22 ;

CHEZ L'AUTEUR, PLACE SAINT-ANDRÉ-DES-ARTS, N° 3o.

1826.

LE CONSEIL

DES COLONS

DE SAINT-DOMINGUE,

DE

LEURS CRÉANCIERS ET AYANT-CAUSE.

IMPRIMERIE DE A. HENRY,

RUE GÎT-LE-COEUR, N° 8.

LE CONSEIL

DES COLONS

DE SAINT-DOMINGUE,

DE

LEURS CRÉANCIERS ET AYANT-CAUSE.

OUVRAGE QUI CONTIENT :

1°. La Loi expliquée par ses Motifs, par la Discussion, *par le Rapport de la Commission préparatoire* ;

2°. Un Commentaire de cette Loi, et la solution des questions qu'elle fait naître ;

3°. L'Ordonnance d'exécution ;

4°. Un Tableau chronologique des Lois sur les Successions ;

PAR M. L. BAZILE,

AVOCAT A LA COUR ROYALE DE PARIS.

A PARIS,

CHEZ EUGÈNE RENDUEL, ÉDITEUR, RUE DES GRANDS-AUGUSTINS, N° 22 ;

CHEZ L'AUTEUR, PLACE SAINT-ANDRÉ-DES-ARTS, N° 30.

1826.

PRÉFACE.

Commenter la loi par les motifs qui l'on dictée, par les discours des orateurs qui l'ont discutée, sera toujours le meilleur moyen d'en interpréter sainement les disposi-tions.

La loi de l'indemnité des colons, nécessitée par des désastres qui datent déjà de trente-cinq ans, basée sur des notions peu familières même à la plupart de ceux qui doi-vent en profiter, réclamait plus que tout autre ce mode d'interprétation, autant qu'il a été en nous, après avoir élagué ce qui tient plus à la politique qu'au droit civil, nous avons reproduit tout ce qui pouvait éclaircir les questions qui se présenteront, fournir des renseignemens aux héritiers des colons qui n'ont pas habité l'île, et les mettre en état de calculer eux-mêmes le montant de leur indemnité.

Nous avons pensé qu'en faisant suivre chaque article des motifs présentés par les divers orateurs des deux Chambres, les recherches seraient plus faciles, la discussion mieux comprise.

Le rapport de la Commission préparatoire devait nous être d'un grand secours, chaque fois que l'occasion s'en est présentée, nous en avons reproduit le texte, et extrait tout ce qui pourrait servir à évaluer les propriétés immobiliaires.

Un tableau chronologique et analytique des lois sur les successions depuis 1789, nous a paru propre à faciliter les nombreuses recherches que va nécessiter le partage des successions de colons.

Quant aux questions qui se présentent en foule, sans les ajourner toutes, nous en avons renvoyé l'examen dans une autre partie de l'ouvrage, les instructions ministérielles en préviendront un grand nombre, la solution des autres s'appuiera sur des antécédens de jurisprudence, et ainsi nous conserverons à ce commentaire toute l'autorité *des paroles* du législateur et des magistrats.

LE CONSEIL

DES COLONS

DE SAINT-DOMINGUE.

~~~~~~

LOI

*Sur l'Indemnité à accorder aux anciens
Colons de Saint-Domingue.*

Paris, le 3o avril 1826.

CHARLES, par la grâce de Dieu, Roi
DE FRANCE ET DE NAVARRE, à tous présens et à venir, salut :

Nous avons proposé, les Chambres ont
adopté, NOUS AVONS ORDONNÉ ET OR-
DONNONS ce qui suit :

I.
~~~~~~

ARTICLE PREMIER.

LOI.	PROJET.
—	—
La somme de 150 millions, affectée par l'ordonnance du 17 avril 1825 aux anciens colons de Saint-Domingue, sera répartie entre eux intégralement, et sans aucune déduction au profit de l'État pour les propriétés publiques, ainsi que pour les propriétés particulières qui lui seraient échues par déshérence.	*La somme de 150 millions, affectée par l'ordonnance du 17 avril 1825 aux anciens colons de Saint-Domingue, sera répartie intégralement, et sans aucune déduction au profit de l'État pour les propriétés publiques qui lui appartenaient, ainsi que pour les propriétés particulières qui lui seraient échues par déshérence.*

CHAMBRE DES DÉPUTÉS.

MOTIFS.

M. le Ministre des finances. « Les colons sont dépossédés de fait depuis plus de 30 ans, mais leurs droits sur leurs propriétés étaient demeurés intacts. Personne assurément n'eût songé à les leur contester, le jour où la France eût reconquis la colonie. L'ordonnance du 17 avril n'a produit sur ces droits d'autre effet que de faire perdre à la possibilité de leur exercice l'éventualité du rétablissement de l'autorité du Roi à Saint-Domingue, et, en même temps, elle a stipulé un dédommagement pour la perte de cette éventualité. Quant au montant de ce dédommagement, voici les bases d'après lesquelles il nous semble juste de l'apprécier.

» En 1789, Saint-Domingue fournissait annuellement environ 150 millions de produits. En 1823 elle avait fourni aux

exportations en France, pour   8,500,000
A celles en Angleterre, pour   8,400,000
A celles aux États-Unis, pour 13,100,000
»Elle avait donc produit en-
viron.......................... 30,000,000

La moitié de ce produit a dû
être absorbé par les frais de
culture et autres charges de la
propriété : reste donc, pour la
part des propriétaires du sol,
un revenu net de........... 15,000,000

»La valeur des biens-fonds dans les colonies se calcule sur dix années du revenu.
150 millions nous ont donc paru la somme
qui pouvait être exigée, comme le montant de l'indemnité due aux anciens colons, auxquels la concession de l'indépen-
dance du gouvernement d'Haïti enlevait la
chance de recouvrer leurs propriétés par
suite du rétablissement possible de l'autorité du Roi à Saint-Domingue. »

RAPPORT.

M. Pardessus. « L'art. 1ᵉʳ du projet vous
propose de renoncer, au nom de l'État, à

tous les droits qu'il pourrait prétendre dans la répartition des 150,000,000 fr., soit pour les domaines et établissemens qui lui appartenaient, soit pour les deshérences que le fisc aurait droit de s'approprier en vertu des articles 713 et 758 du Code Civil. Une disposition favorable aux malheureux colons est digne de la générosité nationale ; lorsqu'elle vous est présentée au nom du Roi, elle n'a pas besoin d'être justifiée à vos yeux.

DISCUSSION.

M. de Cambon propose un amendement qui changerait ainsi la redaction de l'article :

« *L'État renonce à tout paiement ou*
» *indemnité pour les propriétés qu'il pos-*
» *sédait dans l'île de Saint-Domingue,*
» *soit qu'elles fissent partie du domaine*
» *de la couronne, ou qu'elles lui fussent*
» *échues par deshérences.*
» *La somme de 150 millions affectée*
» *par l'ordonnance du 17 avril 1825 aux*
» *anciens colons de Saint-Domingue,*

» *sera répartie entre eux intégralement*
» *et sans aucune garantie par l'État.* »

L'honorable membre déclare qu'en supposant même que son amendement fût adopté, il n'en voterait pas moins le rejet du projet de loi, parce qu'il est fondé sur un principe faux, parce qu'il est inconstitutionnel, et qu'il donne à la prérogative royale une extension que n'admet pas l'art. 14 de la charte.

M. de Bouville propose un sous-amendement qui consiste à substituer au second paragraphe de l'amendement de M. de Cambon, un paragraphe ainsi conçu :

» *L'État renonce également aux droits*
» *de succession, ainsi qu'à tous droits*
» *d'enregistrement, de timbre ou autres*
» *auxquels pourrait donner lieu, sur les*
» *colons de Saint-Domingue ou leurs*
» *ayant-cause, la portion de l'indemnité*
» *à laquelle ils auront droit.* »

M. le Ministre des finances combat les propositions de M. de Cambon et de M. de Bouville. « Si l'ordonnance du 17 avril, dit-il, a été utile à l'État, pourquoi la Chambre craindrait-elle de s'associer à cet acte du gouvernement? s'il a été nuisible, pourquoi ne le repoussez-vous pas tout-à-fait? Il n'y a que deux manières de procéder : ou reconnaître la légalité et les avantages de l'ordonnance, ou demander le rejet de la loi. »

M. Leclerc de Beaulieu soutient le sous-amendement, et ne pense pas que la Chambre doive s'occuper de la répartition de l'indemnité.

Le sous-amendement de M. de Bouville et l'amendement de M. de Cambon sont mis aux voix et rejetés.

M. Boucher s'oppose à l'adoption de l'article parce que, suivant lui, l'indemnité des colons n'a aucune garantie de la part du gouvernement de Saint-Domingue.

L'article mis aux voix est adopté.

CHAMBRE DES PAIRS.

RAPPORT.

M. Le baron Mounier, rapporteur :

« La somme que paiera le gouvernement d'Haïti appartiendra aux anciens colons, aucune partie ne doit en être distraite. L'Etat ne demandera rien pour les propriétés publiques qu'il a abandonnées en renonçant à la souveraineté. Il ne réclamera pas non plus la valeur des propriétés qui lui seraient échues par déshérence. Cette somme sera ainsi, dans son intégralité, appliquée à son objet, et divisée entre les colons qui, par suite de ce que commandait l'intérêt général, doivent renoncer à l'espoir de faire-valoir les droits que la guerre et la victoire auraient pu leur rendre. »

L'article 1ᵉʳ est adopté sans discussion.

OBSERVATIONS.

Il est une distinction à établir entre les colons qui se présenteront ; M. le Rapporteur l'a signalée. « Saint-Domingue, a-t-il dit, a eu comme nous son 31 mai ; » que ceux qui ont été chassés de la colonie par les réactions, ne viennent point partager l'indemnité accordée à leurs victimes ; il serait scandaleux de voir, ceux-là mêmes qui ont combattu contre la métropole, profiter de sa générosité.

2°. Les déshérences ne peuvent manquer d'être très-nombreuses. Des familles, qui n'avaient aucune alliance sur le continent, ont entièrement disparu; d'autres n'ont laissé que des collatéraux éloignés, qui très-souvent se trouveront dans l'impossibilité de justifier de leurs droits ou même d'y songer; quoique la masse des colons doive seule en profiter, nous ne pouvons nous empêcher d'inviter tous ceux qui avaient des parens dans l'île à faire d'exactes recherches; la loi leur est favorable, et c'est un acte de prudence que de réclamer alors même que l'on craint de voir se présenter un héritier plus proche.

Il existe aux archives de la marine, à Versailles, des actes qui peuvent devenir du plus grand secours: les dénombremens, les recensemens des nègres, en indiquent quelquefois les propriétaires. Le Ministre de la marine a ordonné des recherches exactes dans ses archives; on a travaillé à réunir et à compléter les cartes détaillées des divers quartiers de l'île, ainsi qu'à dépouiller une multitude de contrats et actes. L'article 47 de l'ordonnance autorise toutes les parties intéressées à se pourvoir auprès du garde des archives pour en obtenir la délivrance.

ARTICLE II.

LOI.	PROJET.
Seront admis à réclamer l'indemnité énoncée dans l'article précédent, les anciens propriétaires de biens-fonds situés à Saint-Domingue, ainsi que leurs héritiers, légataires, donataires ou ayant-cause.	*Seront admis à réclamer l'indemnité énoncée dans l'article précédent, les anciens propriétaires de biens-fonds situés à Saint-Domingue, ainsi que leurs héritiers, légataires, donataires ou ayant-cause.*
Les répudiations	*Les répudiations*

<table>
<tr><td>

d'hérédité ne pourront être opposées aux réclamans, si ce n'est par les héritiers qui auraient accepté.

La mort civile, résultant des lois sur l'émigration, ne pourra non plus leur être opposée.

</td><td>

d'hérédité ne pourront être opposées aux réclamans, si ce n'est par les héritiers qui auraient accepté.

La mort civile, résultant des lois sur l'émigration, ne pourra non plus leur être opposée.

</td></tr>
</table>

RAPPORT.

M. Pardessus. « Cet article ne limite point le droit de réclamer aux seuls Français ;

» Il n'accorde l'indemnité que pour les biens-fonds ;

» Il admet tous les héritiers au degré successible, sans restriction ;

» Il veut que si, parmi les héritiers, les uns ont renoncé à la succession et les autres l'ont acceptée, ces derniers soient préférés, sans distinguer entre ceux qui ont accepté purement et simplement, et ceux qui ont accepté sous bénéfice d'inventaire ;

» Il autorise les ayant-cause à réclamer l'indemnité.

» Aucune considération politique ne peut être invoquée pour s'écarter, dans cette circonstance, du grand principe d'équité naturelle qui commande l'égalité entre toutes les victimes d'une même catastrophe.

» Nous croyons, avec la Commission,
» qu'en ce qui touche les Français deve-
» nus étrangers par établissemens sans
» espoir de retour ou naturalisation, il y
» aurait une sorte de barbarie à les repous-
» ser ; obligés de chercher un asile partout
» où l'hospitalité accueillait leur misère,
» dans un temps où la métropole elle-même
» était déchirée par les factions, souvent
» ils n'ont pu obtenir de sécurité dans les
» pays étrangers, qu'en y prenant ou rece-
» vant la qualité de citoyens ; qu'en y for-
» mant des établissemens, qui leur ont
» fait perdre la qualité de Français, sans
» leur en faire abdiquer les sentimens.

» Qu'en ce qui touche quelques étran-
» gers propriétaires de biens à Saint-Do-
» mingue, la mesure qui les admettra
» concurremment avec les Français, sera
» la conséquence de la faculté qu'ils
» avaient d'y acquérir et d'y posséder.

» Qu'enfin les uns et les autres, quoi-
» que non Français, ou ayant cessé de
» l'être, sont également, en leur qualité
» d'anciens colons, frappés de l'interdic-
» tion de recouvrer leurs biens dans l'île
» de Saint-Domingue. »

» Ce même article n'admet à l'indemnité que les propriétaires de biens-fonds.

» Cette restriction, qui exclut toute indemnité pour les valeurs mobilières, a
été l'objet de plusieurs réclamations adres-
sées à votre Commission : elles sont presque toutes relatives à la propriété des esclaves.

» On a dit que les esclaves étaient presque la seule valeur de Saint-Domingue,
que le produit et par conséquent la richesse
de la colonie étaient dus à leur travail;
que si l'on s'arrêtait uniquement à la valeur

intrinsèque des fonds, abstraction faite de ces accessoires indispensables, l'indemnité serait illusoire; que les moyens même de la déterminer manqueraient absolument, parce que, soit qu'on évalue les biens-fonds, d'après les produits prouvés ou présumés, soit qu'on les évalue d'après les contrats d'acquisition, il était impossible de ne pas y comprendre les esclaves attachés à la culture.

Une partie de ces objections nous a paru n'être que l'effet d'une interprétation erronée du mot biens-fonds employé dans le projet de loi; il est bien vrai que, sous divers rapports dans l'ancienne législation, les esclaves, même existans sur une habitation et servant à sa culture, étaient réputés meubles, et comme tels partagés également, sans préciput ni droit d'aînesse qui ne s'exerçait que sur les immeubles; qu'en un mot, suivant les termes de l'article 46 de l'édit de mars 1685, appelé le *Code Noir*, la condition des esclaves était réglée en toute affaire comme celle des choses mobiliaires.

» Mais ce même article indiquait des exceptions. Les esclaves travaillant sur les habitations étaient tellement considérés par les articles 48 et suivans comme en faisant partie, qu'à l'exception des dettes contractées pour leur achat, ils ne pouvaient être saisis pour aucune autre, si ce n'est avec l'habitation par la même saisie réelle; ainsi, dans l'esprit, et nous dirons plus, dans les termes de la législation ancienne, les esclaves n'étaient qu'un avec les biens-fonds auxquels ils étaient attachés.

» C'est évidemment dans ce sens qu'on doit entendre l'art. 2 du projet.

» C'est la conséquence du principe que les objets placés sur un fonds, pour le service et l'exploitation de ce fonds, sont immeubles par destination. Elle était reconnue incontestable, quant aux esclaves des colonies, ainsi que l'atteste *Pothier*, le plus célèbre des jurisconsultes français du dernier siècle (Voir *Traité de la Communauté*, n° 50).

« Si, comme il arrivait fréquemment à Saint-Domingue, des actes de partage de donation, legs, vente ou tous autres, constatent qu'une habitation appartenait à l'un, et que les esclaves attachés à la culture appartenaient à l'autre, ils partageront l'indemnité dans la proportion de la propriété.

» Sous ce rapport, l'objection n'étant fondée que sur l'interprétation erronée qu'on donnerait à l'article du projet de loi, nous a paru pouvoir être facilement écartée.

» Mais cette même objection subsiste sous un autre rapport. Les esclaves attachés à la culture, tels que les désigne l'article 48 de l'édit de 1685, n'étaient pas les seuls qui existassent dans la colonie de Saint-Domingue. Si ces sortes d'esclaves que l'on pourrait appeler *immobiliers*, sont considérés comme partie des biens-fonds dont les propriétaires sont appelés à l'indemnité, et doivent par conséquent entrer dans leur évaluation, il n'en sera pas de même des autres esclaves que, pour nous mieux faire comprendre, nous appelerons esclaves *mobiliers*.

» Votre Commission avait donc à examiner les réclamations qui lui sont parvenues sous ce second point de vue.

» Après avoir pesé toutes les raisons, elle s'est décidée à ne vous proposer aucun amendement à cette disposition du projet de loi.

» Le motif principal qui a réuni les opinions, est qu'on ne peut traiter plus favorablement ceux qui prétendront avoir perdu, par l'effet de la révolution de Saint-Domingue, des esclaves non attachés à des habitations, que les propriétaires qui possédaient un mobilier plus ou moins considérable; que les commerçans dont les magasins étaient remplis de marchandises; que les propriétaires de bâtimens de mer, embarcations, instrumens nécessaires aux transports, bestiaux ou bêtes de somme, qui en tiraient un loyer, comme les propriétaires d'esclaves *mobiliers* tiraient un profit du travail de ces esclaves.

2*

» Nous avons eu l'honneur de vous dire, qu'en troisième lieu, l'article 2 du projet admettait à réclamer l'indemnité tous les héritiers d'un colon décédé, sans restriction.

» La Commission créée par l'ordonnance du 1er septembre, avait pensé qu'il était convenable de limiter, relativement à l'indemnité, le droit de succession, en ligne collatérale, aux frères ou sœurs, et à leurs descendans. Cette divergence de sentimens entre le ministère et des hommes qui, d'après les ordres du Roi, avaient travaillé si long-temps et avec tant de zèle, à proposer les bases de la répartition dont il s'agit, imposait à votre Commission le devoir d'examiner la question avec soin, et de l'envisager sous toutes ses faces.

» Nous ne vous reproduirons pas les raisons respectives qui peuvent être employées avec une égale bonne foi, et une apparence d'équité. Le travail de la Commission préparatoire les contient ; et nous avouons qu'il nous serait difficile de les exposer avec plus de clarté et de précision. Nous nous bornerons à vous faire connaître, en peu de mots, les motifs qui nous portent à donner la préférence au projet présenté par le ministère.

» Votre Commission a pensé qu'introduire dans la succession d'un même individu, un ordre de successibilité qui s'arrêterait à tel degré de parenté pour certaines portions de ses biens, tandis que cette même successibilité s'étendrait à des degrés plus éloignés pour les autres portions de la même succession ; ce serait changer le droit commun, sans une nécessité puissamment justifiée, introduire une sorte de rétroactivité, occasionner des injustices à l'égard des héritiers qui, déjà, ont accepté les successions.

» Ce serait modifier le droit commun ; car, en principe, les lois des successions doivent être égales pour tous, et la succession du même individu ne saurait être soumise à deux législations différentes dans le même pays. L'utilité n'en est pas suffisamment justifiée ; en effet, s'il est conve-

nable que dans quelques matières spéciales, le législateur déroge au droit commun,
c'est lorsque la nécessité de cette dérogation
est tellement liée au système qu'il établit
que, sans cela, ce système se trouverait
paralysé et perdrait les avantages qu'on
en espérait. Votre Commission a reconnu
que, dans le plus grand nombre des cas,
la mesure qui réduit de quelques degrés la
successibilité au droit de l'indemnité, se
bornerait à procurer un accroissement de
parts à des héritiers plus proches, sans
profiter au fonds commun ; et cependant
c'était ce motif qui paraissait le plus plau-
sible pour autoriser une dérogation aux
lois des successions.

» Ce serait introduire une sorte de rétroactivité ; car si, à l'instant du décès
d'un individu, ceux que la loi dont il est
sujet déclare ses héritiers, sont investis de
tous droits actifs et passifs, en quelque
chose qu'ils consistent, quelque part qu'ils
soient situés, encore que le défunt en igno-
rât l'existence, ces héritiers sont investis de
plein droit, en vertu de la plus ancienne

règle de la législation française : *le mort saisit le vif son plus prochain héritier* ; cette règle écrite littéralement dans l'article 318 de la Coutume de Paris, était, par cela même, la loi de Saint-Domingue, conformément à l'art. 34 de l'édit du 28 mai 1664. Cette loi a continué d'être en vigueur, puisqu'elle est répétée dans le Code Civil.

» Si on admettait aujourd'hui, à l'égard de l'indemnité destinée aux colons, les principes qui excluraient du droit d'y succéder, certains parens que la loi du décès faisait héritiers, on rétroagirait sur des droits qu'ils ont acquis à l'instant même de ce décès.

» On ferait plus, on exposerait un héritier du sang et de la loi, à éprouver une injustice qui ne pourrait être prévenue que par une nouvelle dérogation au droit commun, et par l'infirmation des droits acquis à des tiers ; ces héritiers du sang et de la loi, en acceptant la succession, se sont rendus débiteurs envers les créanciers de toutes les dettes du défunt ; mais en compensation de cette charge, ils ont droit de percevoir tout l'actif présent ou espéré, connu ou inconnu du défunt. Si, par l'effet d'une loi nouvelle, ils sont exclus d'une partie de cette succession, il faut donc aussi qu'ils soient déchargés d'une partie des dettes ; et comment établir cette sorte de dislocation et d'allivrement sans une série de dispositions toutes exceptionnelles, dont la rédaction présenterait des difficultés peut-être insurmontables ? Il ne suffit pas de proposer le changement d'un principe général qui se rattache à d'autres parties de la législation, il faut en envisager ou prévoir toutes les conséquences et coordonner ce changement avec les lois conservées et l'équité.

» Votre Commission sait que les principes qu'elle vient de présenter sommairement, avaient été étudiés avec soin et discutés avec profondeur par un grand nombre des membres de cette Chambre, lors de la présentation de la loi du 27 avril 1825 ; quoique les circonstances ne soient pas tout-à-fait les mêmes, les principes sont immuables : elle ne croit donc pas qu'il soit nécessaire d'entrer dans de plus grands développemens pour motiver l'adoption du projet de loi sous ce rapport.

» Mais ce même article 2 présente une autre difficulté qui mérite toute votre attention ; il prévoit sagement le cas où les successions de colons, qui n'offraient aucun espoir d'actif à leurs héritiers, auraient été, ou délaissées pendant un temps si long, qu'on pourrait, d'après le droit, en induire une répudiation tacite ; ou répudiées expressément par un acte de renonciation. Il ne veut pas que cette répudiation soit reprochée aux réclamans, *si ce n'est par les héritiers qui ont accepté.* Cette proposition empruntée à la loi du 25 avril 1825 se présente avec un grand caractère d'autorité.

» Cependant, Messieurs, notre devoir est de vous faire remarquer que ces mots : *si ce n'est par les héritiers qui ont accepté,* peuvent entraîner des conséquences qui ne sont ni sans difficulté, ni, permettez-nous de vous le dire, sans une sorte d'injustice, dans la généralité absolue qu'on voudrait leur attribuer.

» Celui qui accepte sous bénéfice d'inventaire ne s'oblige point personnellement aux dettes et charges de la succession ; il ne doit qu'un compte de tout l'actif aux créanciers, sans pouvoir être tenu des dettes sur ses biens.

» Enfin, l'article 2 admet, indépendamment des héritiers, donataires et légataires, les ayant-cause.

» Cette expression, ayant-cause, ne peut évidemment s'appliquer qu'à des acquéreurs ou à des créanciers.

» Appliquée aux acquéreurs, elle n'a rien que de conforme à la justice. Celui qui, par un acte translatif de propriété à titre onéreux, a acquis des droits d'un autre, n'est pas moins favorable que celui qui les a reçus à titre gratuit. Il est inutile de remarquer que, n'ayant pas plus de droits que son cédant, il sera tenu des mêmes obligations. Appliquée aux créanciers, l'expression ayant-cause est également conforme au droit commun.

L'article 1166 autorise les créanciers à exercer les droits de leurs débiteurs : il ne peut donc y avoir de difficulté sur ce point.

» Mais plusieurs mémoires ont été adressés à votre Commission ; le projet de loi, a-t-on dit, fixe un délai fatal pour réclamer. Un débiteur pourrait le laisser écouler, tandis que les créanciers ne croiront pas devoir agir eux-mêmes. L'instant de la déchéance arrivé, les créanciers se trouveront exposés à l'exception qui repousserait leur débiteur. Il serait donc juste d'accorder un nouveau délai après l'expiration de celui dont le débiteur aurait négligé de profiter.

» Nous croyons qu'on peut répondre à cette objection par les principes, du droit commun de toutes les nations en général, du droit civil français et nouveau en particulier.

» Il n'est pas une seule législation qui n'ait reconnu que tous les biens d'un débiteur étant le gage de ses créanciers, il n'était pas le maître de négliger l'exercice

d'un droit utile, dont la perte diminue-
rait son actif ; toutes contiennent d'une
manière plus ou moins explicite, le principe consacré par l'article 1166 du Code
Civil, mais aucune ne reconnaît au créancier plus de droit que n'en aurait son débiteur, et lorsque la déchéance ou la près-
cription sont acquises contre lui, ces déchéances et ces prescriptions peuvent être
opposées à son créancier.

» Le Code Civil a des règles sur les près-
criptions, et quoiqu'il ait si clairement
proclamé le droit qu'ont les créanciers
d'exercer les actions de leurs débiteurs, il ne
les relève d'aucune des déchéances que celui-ci aurait encourues ; il ne leur accorde
ni plus ni moins qu'à celui dont ils sont
les ayant-droit, mais du chef duquel ils
ne peuvent rien prétendre de plus qu'il
n'avait lui-même.

» Qu'auront donc à faire les créanciers,
s'ils craignent que leurs débiteurs ne réclament pas une indemnité qu'ils auraient
intérêt à saisir ? Ils formeront une demande
en qualité *d'ayant-cause*, comme créan-

ciers du débiteur qu'ils prétendront admissible à l'indemnité ; si cette demande concourt avec celle du débiteur, ce sera une superfluité non nuisible ; si le débiteur n'a point agi, la demande aura conservé le droit en prévenant la déchéance et le montant de la liquidation sera partagé entre eux suivant les lois. »

DISCUSSION.

M. Gautier demande que l'on comprenne dans l'indemnité les propriétaires d'établissemens industriels.

M. le Ministre des finances rappelle que le principal motif qui a déterminé à n'indemniser que les propriétaires d'immeubles, c'est qu'ils devaient seuls entrer dans l'éventualité de recouvrer ce qu'ils avaient perdu ; il lui paraît impossible d'apprécier la quotité des pertes faites par les propriétaires d'établissemens industriels, d'établir les preuves de leur propriété fugitive de sa nature, si facile à déplacer. «Ceux-là, dit-il, qui n'étaient liés à la colonie

que par les noirs qu'ils louaient, ne doi-
vent-ils pas être supposés avoir évacué le
sol auquel ils ne tenaient nullement, et
avoir enlevé leurs esclaves, comme beaucoup l'ont fait, pour les transporter dans
d'autres colonies? »

M. de Gères soutient que ces propriétaires ont un droit à un dédommagement;
qu'il leur est facile de prouver la réalité
de leurs propriétés, puisqu'il existe des
baux à ferme. Il appuie l'amendement de
M. Gautier, qui est mis aux voix et rejeté.

M. Du Hamel propose de substituer au
premier paragraphe un paragraphe ainsi
conçu :

« *Seront admis à réclamer ladite som-*
» *me de 150 millions, les anciens pro-*
» *priétaires de biens-fonds situés à Saint-*
» *Domingue, ainsi que leurs héritiers en*
» *ligne directe, leurs frères, sœurs, ne-*
» *veux, nièces, légataires, donataires*
» *ou ayant-cause.* »

« Le Roi, dit-il, a voulu secourir ses
sujets de Saint-Domingue, ceux-là même

qui ont échappé à la plus horrible des catastrophes politiques ; il a voulu accorder aux héritiers *directs et naturels* de ces malheureux colons, égorgés par leurs esclaves ou morts dans la misère, sinon un plein dédommagement de tant de douleurs, du moins un soulagement dans leurs infortunes. Mais qu'ont à prétendre à ce secours les collatéraux éloignés qui ne doivent leurs prétentions qu'à la destruction violente des familles des colons? Paisibles spectateurs en France de la ruine de Saint-Domingue, n'ayant jamais compté sur des hérédités trop éloignées, n'ayant souffert aucuns dommages, ni dans leurs personnes, ni dans leurs propriétés, ils entreraient en ligne avec les malheureux colons, ou l'héritier *direct* qu'appelle aujourd'hui l'ordonnance du Roi.

» Le droit commun n'a pas été mis en usage pour servir de base à l'ordonnance du 17 avril ; les colons ont perdu l'expectative de la rentrée dans leurs propriétés, sans avoir été appelés au contrat qui les en dépouille. Le droit commun est resté muet

3.

pour les protéger; pourrait-on l'évoquer aujourd'hui qu'il aggraverait leur infortune! »

M. de Martignac :

« La proposition faite par le Gouvernement est plus juste que celle contenue dans l'amendement. Des héritiers éloignés ont eu la générosité d'accepter des successions et d'en acquitter les dettes; ils ont supporté les charges, ils doivent profiter des émolumens. »

M. Josse Beauvoir :

« Pourquoi aller chercher le plus loin que l'on peut des héritiers inconnus, étrangers aux affections des familles massacrées, pour partager les 150 millions. On dirait qu'ils sont inépuisables; ils ne sont cependant que la dixième partie de la perte énoncée. »

M. Sébastiani :

« On ne peut se jeter dans une loi exceptionnelle sans ébranler les principes de la société; il faut suivre le droit commun. »

M. Bonnet :

« Sans doute il faut s'attacher au droit commun quand les circonstances n'exigent pas le contraire, mais il faut y déroger quand la nature des choses le demande.

» Qu'est-ce que les 150 millions destinés aux colons? On ne peut dire que ce soit la représentation absolue de ce qu'ils ont perdu, puisqu'on leur en rend à peine le dixième; c'est la représentation d'une partie, c'est un secours; or, si c'est un secours, il ne peut être destiné qu'à ceux qui ont souffert. Il faut se garder d'en distraire une partie pour ceux-là qui n'ont rien perdu et qui n'ont pas souffert.

» Il existe une objection embarrassante; c'est celle présentée par M. le Rapporteur, et reproduite par *M. de Martignac.* Pour y répond , je propose un sous-amendement ainsi conçu : « *Sauf les droits des créanciers et ceux des parens qui, ayant accepté l'hérédité, ont payé la totalité des sommes dues par la succession.* »

M. le Ministre de l'Intérieur :

« Plusieurs préopinans dans leur discussion partent d'un principe que nous n'avons point admis ; ils supposent qu'il s'agit d'un secours à distribuer.

» Les colons ont un droit incontestable aux 150 millions. Il restait quelque chose qui n'avait pas été perdu, et qui seulement était occupé par d'autres ; c'était le fonds même des propriétés dont le recouvrement dépendait des nécessités de l'Etat, d'une guerre à faire, ou d'une soumission volontaire, si on eût pu l'obtenir. Ce n'était qu'une éventualité, mais cette éventualité était pourtant un droit qui ne pouvait s'exercer qu'autant que la propriété serait rentrée sous la souveraineté du Roi. Cette éventualité est résolue dans le fait actuel, c'est-à-dire, qu'au lieu de rentrer dans la propriété, c'est dans une somme de 150 millions qu'on est rentré. »

M. Mestadier :

« Si vous donnez l'indemnité à titre de secours, les droits des propriétaires de Saint-Domingue restent dans toute leur force ; ceux à qui vous donnez des secours ne sont pas dépouillés de leur propriété par l'ordonnance royale ni par la loi, et, s'ils restent propriétaires, il en résulte que l'ordonnance et la loi seront inutiles ; cependant il est bien constant que le président *Boyer* n'a entendu donner les 150 millions que comme une indemnité représentative des propriétés appartenant aux anciens colons. »

M. Labourdonnaye :

« Ce qu'il y a de certain, c'est que si les colons fussent rentrés dans leur propriété à la suite d'une armée victorieuse, ils n'auraient pas retrouvé leurs nègres, ils n'auraient retrouvé que leurs masures et leurs terrains ; il est donc évident que les 150 millions sont la représentation des propriétés des colons, et alors ils doivent en recevoir le prix suivant l'ordre naturel des successions.

M. le Ministre des finances :

« Aux termes de l'ordonnance, les 150 millions doivent être versés à la caisse des dépôts et consignations, ils sont comme la chose que le Gouvernement a pu sauver en faveur des propriétés des anciens, colons, dès lors le droit des colons est inhérent à l'existence de ce gage. »

L'amendement de *M. Duhamel*, réuni à celui de *M. Bonnet*, est mis aux voix et rejeté.

M. Breton propose une rédaction nouvelle en ces termes :

« *Les répudiations d'héritiers ne pour-*
» *ront être opposées aux réclamans, par*
» *qui que ce soit, sauf à ceux qui au-*
» *raient accepté précédemment, à récla-*
» *mer la liquidation de la succession gé-*
» *nérale, s'ils la croyaient avantageuse*
» *pour eux.* »

L'amendement de *M. Breton* n'est pas appuyé.

La Commission propose d'ajouter à la fin du paragraphe ces mots : *purement et simplement.*

M. de Martignac :

« Le projet de loi a dû suivre les règles établies par l'article 790 du Code Civil, qui ne permet de revenir sur une succession répudiée, que dans le cas où cette succession n'aurait pas été acceptée par d'autres ; on s'est bien gardé d'ajouter dans cet article les mots *purement et simplement*, qui n'auraient pas concordé avec d'autres dispositions. En effet, Messieurs, il est des individus dans la société qui ne peuvent pas accepter purement et simplement une succession ; il n'est permis au tuteur d'accepter, pour les mineurs, que sous bénéfice d'inventaire. En adoptant la proposition de la Commission, vous priveriez les mineurs des avantages de cet article.

M. Pardessus :

« Lorsqu'on accepte une succession purement et simplement, on fait un véritable contrat aléatoire ; car, quelque minimes que soient les produits que l'on en retire, on n'est pas moins tenu au paiement de toutes les dettes, tandis que celui qui accepte sous bénéfice d'inventaire ne s'oblige à rien ; nous avons pensé qu'il n'y avait pas de raison pour que celui-ci profitât de l'indemnité au détriment de l'héritier du sang. »

M. le Ministre des finances :

« Je n'adopte pas l'opinion que la pétition d'hérédité soit un contrat aléatoire ; le principe de la loi est que, quand on a répudié une succession, on peut la reprendre jusqu'à ce qu'elle ait été acceptée, parce que l'héritier peut exercer un droit qu'il a refusé d'exercer, tant qu'un autre droit n'est pas acquis.

» Quand une succession est acceptée sous bénéfice d'inventaire, y a-t-il ou n'y a-t-il pas un droit acquis au profit de celui qui l'a acceptée? S'il y a un droit acquis, le principe étant le même, les conséquences doivent aussi être les mêmes : l'héritier bénéficiaire doit jouir de ce droit comme l'héritier simple. »

L'amendement de la Commission est rejeté.

M. Breton :

« L'article n'a plus de sens ; il est inutile, il ne fait que rapporter une disposition déjà écrite dans le Code Civil ; j'en propose le retranchement. »

La proposition est rejetée.

M. Delhorme :

« On a oublié de parler des usufrui-
tiers ; cependant il en existe ; dans le droit
commun le droit de l'usufruitier est détruit
par la perte de la chose ; quel sera le sort
des colons qui se trouvent dans ce cas ? »

M. le Président annonce qu'il ne peut
mettre aux voix le renvoi de l'observation
à la Commission, ainsi que l'avait désiré
M. Delhorme.

L'article est mis aux voix et adopté.

CHAMBRE DES PAIRS.

MOTIFS.

M. le Ministre des finances :

« Nous vous prions d'observer que,
pour trouver la solution de la plupart des
difficultés qui ont été et qui peuvent
encore être élevées, il convient de se
bien fixer sur la nature et le caractère de
l'indemnité qu'il s'agit de répartir entre
les colons ; ce n'est pas un secours donné
par l'État, ce n'est pas une réparation
accordée à des malheurs depuis long-

temps irréparables, c'est le prix des droits éventuels qu'auraient eu à exercer les colons, si le Roi eût rétabli, par la voie des armes, son autorité à Saint-Domingue.

« Ce prix est fort supérieur, sans doute, à la valeur des débris qu'eussent retrouvés les colons après les nouveaux désastres, et les destructions nouvelles qu'eût entraînés la conquête. Envisagée sous ce point de vue, l'indemnité ne pouvait donc porter que sur les valeurs immobiliaires qui, seules, eussent pu être recouvrées, et elle devait être accordée à tous ceux, et seulement à ceux qui eussent eu des droits à exercer. »

RAPPORT.

M. le baron Mounier :

« Les anciens propriétaires de biens-fonds sont seuls admis à réclamer. On a demandé si les propriétaires de fabrique ou d'établissement d'industrie ne devaient pas participer à l'indemnité. Le caractère que nous lui avons assigné a paru décider la question. Si la fabrique était établie dans des bâtimens appartenant à celui qui les exploitait, il se présentera comme propriétaire d'un immeuble; si, au contraire, les bâtimens ne lui appartenaient pas, qu'il n'eût qu'une propriété mobiliaire, il sera exclu de la répartition, quelque déplorable que soit en effet la perte des propriétés de ce genre; elle ne peut constituer les mêmes droits. En rentrant à Saint-Domingue, les colons n'auraient pas retrouvé les biens meubles dont ils auraient été privés, et il n'est que trop certain qu'ils n'en auraient point obtenu le dédommagement.

L'art. 2 du projet en restreignant ainsi, d'un côté, l'application du bénéfice de l'indemnité, l'étend, d'un autre côté, aux héritiers, aux légataires, aux donataires ou ayant-cause des colons. La Commission, créée par l'ordonnance du 1er septembre 1825, avait pensé que les anciens propriétaires et leurs héritiers en ligne directe, leurs frères ou sœurs, et leurs descendans de frères ou sœurs, devaient seuls en profiter. Le Gouvernement n'a point partagé cette opinion. On a cru devoir respecter les dispositions que les colons auraient faites en faveur de ceux qui les avaient recueillis, soulagés au temps de leurs malheurs. On a considéré combien il serait rigoureux de priver de leur part à l'indemnité des personnes qui, depuis longues années, gardaient l'espérance de faire valoir un jour leurs droits au moment même où cette indemnité vient les éteindre.

» D'ailleurs, s'il faut, dans les conjonctures extraordinaires, s'affranchir de l'observance littérale du droit commun, il importe de le respecter toutes les fois que l'équité qui en est l'esprit n'ordonne pas de s'en écarter.

» L'article contient deux autres dispositions dont la nécessité est évidente.

» Beaucoup d'héritiers ont dû répudier des successions qui n'auraient fait que les associer aux malheurs d'un colon; leur opposera-t-on leur renonciation pour leur refuser le bénéfice de l'indemnité? Rien ne serait plus contraire à l'équité. Vous voudrez, sans doute, leur donner le moyen de participer à un avantage qu'ils n'ont pas entendu répudier, puisqu'ils ne pouvaient le prévoir ; mais il ne fallait point oublier qu'un autre héritier a pu accepter cette même succession ; celui-ci doit conserver le bénéfice de sa résolution : il n'a point repoussé les charges, il serait injuste de le priver de la chance qui s'ouvre en sa faveur.

» On a dû aussi appréhender que la cupidité, habile à se faire des armes, ne tentât, pour écarter des prétentions légitimes, de se prévaloir de la mort civile qui résultait des lois contre les émigrés. Triste fruit de ces temps de douloureuse mémoire, ces lois, s'il faut appeler ainsi de pareils actes de la colère et de la vengeance, n'existent plus ; il serait contraire à l'humanité et à la morale publique que l'on fût encore autorisé à en renouveler, pour ainsi dire, les effets. Il était prudent de l'interdire par une disposition expresse.

L'article est adopté sans discussion.

OBSERVATIONS.

L'excellent commentaire qu'a donné de cet article *M. le Rapporteur*, ne laisserait aucune observation à faire, s'il s'était expliqué sur ce que l'on doit entendre par le mot héritier.

La coutume de Paris a formé le droit commun de Saint-Domingue tant qu'elle est restée unie à la métropole; les diverses législatures qui se sont succédées n'ont apporté que peu ou point de changement dans la législation civile.

La loi ayant considéré les 150 millions comme la représentation des immeubles dont les colons sont dépossédés, il devient nécessaire de consulter, pour la transmission des biens, la jurisprudence ancienne, et toutes les lois intermédiaires; en effet, si l'héritier immédiat d'un colon tire son droit de la coutume de Paris, celui qui réclame l'indemnité par droit de transmission doit nécessairement se conformer à la loi en vigueur lors du décès de son auteur.

Il n'entre point dans le plan de cet ouvrage de commenter toutes les lois dont
l'application peut devenir nécessaire.

On ne peut se le dissimuler, les difficultés les plus graves se présenteront quand
il s'agira de partager les successions des
colons.

On se demandera : D'après quelles lois
sera régie la succession du colon Français
qui est devenu Anglais ? Considérera-t-on
l'indemnité comme tellement représentative des immeubles, qu'on soit obligé, pour
la transmission des biens, de ne consulter
que les statuts réels? Le droit d'aubaine
excluera-t-il le fils devenu étranger avec
son père, de la succession de ce dernier,
lorsqu'un frère aura conservé sa qualité
de Français? Comment se partagera l'indemnité accordée au colon qui, quoique
étranger, possédait des biens à Saint-Domingue; sera-ce la coutume de Paris, la
législation espagnole, les lois intermédiaires, le Code Civil qui seront applicables? Toutes ces questions demandent à

être méditées, et elles seront discutées dans le prochain numéro qui paraîtra.

ARTICLE III.

LOI.

Dans aucun cas, les individus ayant la faculté d'exercer le droit de propriété dans l'île de Saint-Domingue, ne seront admis à réclamer l'indemnité, soit en leur nom propre, soit comme héritiers ou représentans de personnes qui auraient été habiles à réclamer.

PROJET.

Dans aucun cas, les individus ayant la faculté d'exercer le droit de propriété dans l'île de Saint-Domingue, ne seront admis à réclamer l'indemnité, soit en leur nom propre, soit comme héritiers ou représentans de personnes qui auraient été habiles à réclamer.

CHAMBRE DES DÉPUTÉS.

MOTIFS.

M. le Ministre des finances :

« A qui doit appartenir le dédommagement? A celui sans doute qui eût exercé le droit. Cette conséquence nous a paru si incontestable que nous avons cru impossible de ne pas l'admettre, quelque puissantes que soient d'ailleurs les considérations qui ont déterminé, dans un sens contraire, l'avis de la Commission.

» Nous sommes d'accord avec elle pour exclure de toute participation à l'indemnité, ceux qui ont pu ou pourront recevoir à Saint-Domingue où ils ont le droit de posséder, le dédommagement de leurs pertes.

RAPPORT.

M. Pardessus :

» L'article n'a donné lieu à aucune objection de notre part. Il avait été proposé par la Commission créée par l'ordonnance du 1ᵉʳ septembre ; les motifs de sa proposition sont sous vos yeux ; nous ne croyons pas qu'il soit nécessaire de les reproduire. »

DISCUSSION.

M. Hyde de Neuville demande au Rapporteur, si dans cet article 3 étaient compris indistinctement tous les hommes de couleur pouvant rentrer à Saint-Domingue d'après les lois d'Haïti.

« Je trouve tout simple, dit cet honorable membre, que les hommes de couleur qui peuvent rentrer à Saint-Domingue soient exclus de l'indemnité. Mais parmi ces hommes de couleur, il en est qui ont tout sacrifié pour suivre les colons français, et qui ont, en quelque sorte, fait servir les fers de la servitude à servir la France et leurs anciens maîtres. . . . Cette classe toute particulière est peu nombreuse ; elle se compose de quinze à vingt familles. Il me semble qu'il est juste de les faire participer à l'indemnité. »

M. Pardessus :

« La Commission ne s'est pas dissimulé

qu'il pouvait y avoir parmi les hommes de couleur des personnes qui s'étaient attachées au sol de la France au moment de la guerre contre Haïti, lesquelles personnes avaient été comprises dans la même proscription que les blancs; d'un autre côté, la Commission a reconnu que d'autres hommes avaient été proscrits de la colonie pour des causes tout-à-fait étrangères aux intérêts de la France.

« En effet, Messieurs, ils ont eu à Saint-Domingue leur 31 mai, comme nous dans notre révolution. Il ne faut pas que ces hommes qui sont devenus incapables d'être propriétaires à Haïti, puissent venir demander une part dans l'indemnité que le Roi de France n'a eu l'intention de réclamer que pour ses sujets, et ceux qui ont éprouvé le même sort.

» La Commission avait demandé pour ces derniers une garantie qui pouvait avoir quelqu'inconvénient; elle avait demandé qu'ils fussent obligés de prouver une résidence en France pendant dix ans, mais il demeure toujours bien reconnu que ceux qui ont été frappés d'incapacité pour des causes inhérentes à l'intérêt de la France, ne seront pas exclus de l'indemnité. C'est dans ce sens que la disposition a été rédigée, et j'ai la conviction que c'est la meilleure rédaction que l'on puisse adopter. »

M. Hyde de Neuville. « Les observations que vient de faire M. le Rapporteur, suffiraient pour rassurer ces malheureux habitans de Saint-Domingue qui sont en très-petit nombre. Il n'est pas possible de les confondre avec ceux qui ont quitté l'île à une époque postérieure et pour d'autres motifs. Si l'explication de *M. Pardessus* vous paraît suffisante, je m'y rends. S'il est reconnu que les hommes dont je plaide ici la cause auront droit à une partie de l'indemnité, je n'ai plus rien à dire. »

Grand nombre de voix. Oui, oui, c'est reconnu.

L'article 3 est mis aux voix et adopté.

CHAMBRE DES PAIRS.

RAPPORT.

M. le baron Mounier. « Cet article exclut de l'indemnité tout individu qui aurait la faculté d'exercer le droit de propriété dans l'île de Saint-Domingue. Cette exclusion dérive encore du premier principe que nous avons posé. Les individus qui n'étaient point privés de la faculté de posséder ont pu, ont dû réclamer de rentrer dans leurs anciennes propriétés. L'indemnité appartient à ceux qui ont été contraints d'y renoncer à jamais : Ce sont tous les anciens colons.

» On a plaidé, à cette occasion, la cause des hommes de couleur qui ont combattu avec les blancs, qui sont restés fidèles au drapeau de la France, et qui maintenant languissent sur une terre étrangère. Ces hommes fidèles dont le courage et le dévouement n'auraient pu être oubliés sans une coupable ingratitude, ne seront point privés de l'indemnité. Des actes qui les

5

désignent expressément, les ont, pour
punir leur attachement à la France, repoussé du sol d'Haïti, et ne leur permettent pas de revendiquer les propriétés
qu'ils y possédaient. »

Cet article est adopté sans discussion.

OBSERVATIONS.

Cet article justifie la distinction dont
nous avons déja parlé; l'exclusion qu'il
prononce consacre le principe sans en limiter l'application aux seuls individus
qui peuvent posséder à Saint-Domingue.
En effet, la Commission créée par l'ordonnance du 1er septembre, en expliquait
ainsi les motifs dans son travail qui est
devenu officiel.

» Il a semblé à votre Commission que
» les ordonnances de V. M. avaient pour
» but unique, de soulager les anciens
» colons privés de leurs biens par l'effet
» de la révolution de Saint-Domingue.
» Cette révolution a été faite contre les
» blancs, et l'acte par lequel les habi-
» tans d'Haïti ont déclaré leur indépen-

» dance, confirmé par leurs actes de
» constitution et de révision, a interdit
» aux blancs la faculté de rentrer dans
» leurs propriétés. Les hommes de cou-
» leur et même des blancs qui se sont
» incorporés à cet État, ont pu et peuvent
» y conserver leurs biens; il est donc juste
» qu'une disposition expresse exclue tout
» individu qui a pu rester propriétaire
» dans Haïti.

» Il n'est que trop vrai que, depuis la
» séparation violente de la métropole,
» cette malheureuse contrée a eu ses
» émigrés et ses proscrits; mais si ces
» émigrés et ces proscrits ont été les vic-
» times de leurs propres dissentions, où
» serait la justice de les assimiler aux
» anciens colons, pour qui leur seule
» qualité de blancs, de propriétaires, de
» maîtres, a été un titre de proscription
» et d'expropriation. »

ARTICLE IV.

LOI.	PROJET.
Les réclamations seront formées, à peine de déchéance, sans égard pour les déclarations sommaires déjà faites, savoir :	*Les réclamations seront formées, à peine de déchéance, savoir :*
Dans le délai d'un an par les habitans du royaume ;	*Dans le délai d'un an par les habitans du royaume ;*
Dans le délai de dix-huit mois par ceux qui habitent les autres États de l'Europe ;	*Dans le délai de dix-huit mois par ceux qui habitent les autres États de l'Europe ;*
Dans le délai de deux ans par ceux	*Dans le délai de deux ans par ceux qui demeurent hors d'Europe.*

qui demeurent hors d'Europe.

Ces délais courront du jour de la promulgation de la présente loi.

Ces délais courront du jour de la promulgation de la loi.

CHAMBRE DES DÉPUTÉS.

RAPPORT.

M. Pardessus ?

« La Commission pense qu'il est nécessaire de déclarer expressément comme l'avait proposé la Commission créée par l'ordonnance du 1er septembre, qu'on ne doit point considérer comme des réclamations régulières, dont l'effet serait d'en prévenir la déchéance, les déclarations en quelque forme qu'elles soient qui auraient été faites au bureau provisoire, formé près du Ministre des finances au mois de septembre dernier.

» Ce bureau n'a point été créé par une ordonnance du Roi, ni même par un acte ayant un caractère officiel; il avait pour objet de recueillir des renseignemens dont le rapprochement et la comparaison missent, s'il était possible le ministère, à même de connaître le mode ou le plan de liquidation le plus simple et le plus juste.

« Les employés de ce bureau n'ont eu aucun caractère légal pour donner des certificats de présentation revêtus d'une date certaine, ni pour inscrire les réclamations sur des registres paraphés et susceptibles de faire foi. »

Le Ministre des finances adopte la rédaction présentée par la Commission.

L'article est mis aux voix et adopté.

OBSERVATIONS.

Pour compléter le sens de cette disposition, il faut se rappeler les motifs développés dans le rapport de la Commission créée par l'ordonnance du 1er septembre 1825.

« La Commission a dû examiner si, à
» raison des circonstances, il serait, ou
» non, convenable d'accorder un relief
» de déchéance à ceux qui justifieraient
» de l'impossibilité où ils ont été de se

» présenter. Malgré son équité apparente,
» cette disposition aurait l'inconvénient
» de laisser les opérations dans un va-
» gue et, une indétermination dont il
» n'est pas possible de calculer le terme,
» et de rendre illusoire la fixation des
» délais. »

ARTICLE V.

LOI.	PROJET.
—	—
La répartition de l'indemnité sera faite par une Commission spéciale nommée par le Roi. Cette Commission sera divisée en trois sections.	La répartition de l'indemnité sera faite par une Commission spéciale nommée par le Roi. Cette Commission sera divisée en trois sections.
En cas d'appel, les deux sections qui n'auront pas rendu la décision, se réuniront et se forme-	En cas d'appel, les deux sections qui n'auront pas rendu la décision, se réu-

ront en Commission d'appel pour statuer.

L'appel sera interjeté par déclaration au secrétariat de la Commission, dans les trois mois du jour où la décision aura été notifiée.

niront et se formeront en Commission d'appel pour statuer.

CHAMBRE DES DÉPUTÉS.

MOTIFS.

M. le Ministre des finances :

« La liquidation et la répartition de l'indemnité sont confiées à une Commission divisée en trois sections, de telle sorte qu'on puisse déférer les décisions de l'une au jugement des deux autres, qui se réuniront pour statuer sur les appels. »

M. Pardessus :

« L'article 6 du projet (devenu l'art. 5 de la loi) propose de soumettre le jugement des réclamations à une Commission nommée par le Roi. La nécessité de cette mesure a été reconnue par vous lors de la discussion de la loi du 27 avril 1825; les motifs sont les mêmes : il n'y aurait ni possibilité de confier cette liquidation aux tribunaux, car il ne s'agit pas de contestation entre des particuliers, ni avantage pour les réclamans de la confier aux conseils de préfecture, parce qu'une autorité centrale peut seule agir avec uniformité et célérité.

» La Commission créée par l'ordonnance du 1er septembre a démontré que, s'il était convenable d'offrir aux réclamans les moyens de faire réparer l'erreur d'une première liquidation, il était impossible de porter les appels devant le Conseil-d'Etat. Chacun de vous a pu se pénétrer de la force de ses raisons. Nous n'en ajouterons qu'une seule : elle est tirée du grand avantage d'établir promptement et d'assurer l'uniformité de la jurisprudence; et cet avantage est inappréciable.

» Cette Commission avait, pour atteindre ce but, proposé que les appels de la décision d'une section fussent portés de-

vant toutes les sections réunies. Ce système, qui n'a rien de contraire aux principes administratifs, et même à quelques-
unes des règles de l'ordre judiciaire, ne
serait pas sans utilité sous quelques rapports. La section dont la décision serait
attaquée fournirait aux autres sections des
renseignemens propres à abréger la discussion ; et peut-être la crainte que le peu
de fondement d'un appel ne soit promptement démontré, en préviendrait beaucoup.

» Il y a cependant aussi des inconvéniens que nous devons vous indiquer. Les
réclamans ne verront pas siéger sans in-
quiétude parmi les juges d'appel ceux même dont leur intérêt, bien ou mal éclai-
ré, les porte à critiquer la décision. Ils
craindront, à tort sans doute, l'influence
de la section dont la décision serait attaquée. Rien de ce qui peut rassurer des
parties sur leurs intérêts et sur l'impar-
tialité des décisions ne nous semble devoir être négligé.

» Après avoir balancé les deux systèmes,
nous pensons que celui qui vous est pro-

posé par l'article 6 du projet de loi doit être préféré; mais nous avons cru nécessaire d'y ajouter, relativement au délai d'appel, une disposition proposée par la Commission préparatoire. Ce ne délai peut être indéfini; l'ordonnance ne peut le fixer. Dès qu'une voie de recours est ouverte par la loi, c'est aussi dans la loi que doit être fixé le délai fatal pour en user. »

Cet article est adopté sans discussion.

CHAMBRE DES PAIRS.

RAPPORT.

M. le baron Mounier :

« Si nous nous occupons de la liquidation nécessaire pour la répartition de l'indemnité, nous reconnaîtrons promptement que cette opération ne saurait être faite que par une Commission spéciale; il fallait concentrer l'opération dans la capitale, à portée de tous les renseignemens que contiennent les archives des ministères.

« Il fallait prévoir les cas où les parties intéressées contesteraient la décision rendue, et ne pas la priver du deuxième jugement, de l'appel dont nos lois, soit dans les matières judiciaires, soit dans les matières administratives, garantissent à tous la salutaire ressource; mais il n'est pas besoin de vous faire remarquer ici qu'il s'agit d'une matière toute particulière. Ce ne sont point des lois et ordonnances du royaume qu'on doit appliquer; la Commission prononcera en quelque sorte comme un grand jury d'équité; c'est donc en elle-même qu'on a dû chercher les moyens de rectifier une décision surprise ou erronée. »

L'article est adopté sans discussion.

OBSERVATIONS.

Pour les formes de l'appel, voyez les articles 33 et 34 de l'ordonnance.

ARTICLE IV.

LOI.	PROJET.
—	—
La Commission sta-	*La Commission*

tuera sur les récla- fixera, d'après les mations d'après les actes et documens actes et documens qui seront produits qui seront produits devant elle, et même devant elle, même par voie d'enquête, par voie d'enquête, s'il y a lieu, la va- si elle le juge conve- leur qu'avaient, en nable, et appréciera 1789, les immeu- les biens suivant leur bles donnant lieu à consistance à l'épo- indemnité. que de la perte, et

d'après la valeur *L'indemnité sera* commune des pro- *du dixième de cette* priétés en 1789. *valeur.*

L'indemnité sera du dixième de leur valeur.

CHAMBRE DES DÉPUTÉS.

MOTIFS.

M. le Ministre des finances :
« La Commission fixera la valeur qu'a-
vaient en 1789 les immeubles donnant

lieu aux réclamations ; l'indemnité sera fixée provisoirement au *dixième de leur valeur,* sauf à ce qu'après la liquidation, l'excédant ou le déficit, s'il y en a, accroisse ou diminue la répartition des derniers cinquièmes au centime le franc du montant des indemnités liquidées.

» La lecture attentive du travail de la Commission préparatoire vous fera connaître, Messieurs, l'impossibilité d'insérer dans la loi des dispositions plus explicites, et d'y tracer des règles fixes et des bases positives d'évaluation. Les efforts tentés à cet égard par les hommes les plus capables de résoudre des difficultés qui n'eussent pas été insolubles, n'ont d'ailleurs pas été inutiles. Les bases d'évaluation qu'ils ont indiquées, fourniront presque toujours à la Commission de liquidation les moyens les plus sûrs pour parvenir à fixer la valeur des propriétés perdues ; mais la multiplicité de ces bases, qu'il fallait nécessairement diversifier, afin qu'elles pussent au besoin se suppléer les unes aux autres, offrirait un grand danger si ces mêmes bases étaient consacrées par la loi, et si quelques-uns des récla- mans, en se contentant de faire les pro- ductions les plus favorables pour eux, pouvaient, la loi à la main, exiger que leurs pertes fussent évaluées à un taux que la Commission, d'après d'autres documens et son intime conviction, reconnaîtrait exagéré. Quelle que pût être d'ailleurs la diversité des bases fixées par la loi, à quoi servirait-elle pour régler l'indemnité d'un très-grand nombre de réclamans qui se trouveront dans l'impossibilité de pro- duire les documens nécessaires à leur application, et pour lesquels il faudra nécessairement recourir à la voie de l'en- quête et de la preuve testimoniale.

« Nous avons pensé que les bases pré- sentées par la Commission devaient être indiquées, comme guide utile, dans l'or- donnance d'exécution; mais qu'elles ne pouvaient être imposées par la loi comme règles immuables de la liquidation sans s'exposer à la rendre injuste, quelquefois même impraticable. »

ARTICLE 6.

RAPPORT.

M. Pardessus :

« Il s'agit de répartir l'indemnité dans une juste proportion avec les pertes ; ces pertes sont si anciennes, et les objets perdus sont situés à une distance telle, qu'aucune vérification locale et matérielle n'est possible. Les confiscations n'ont été ni précédées de séquestre dont les procès-verbaux serviraient à constater la consistance des biens, ni suivies de vente dont les actes en indiqueraient la valeur.

» S'il n'est pas raisonnable de croire chacun sur sa parole, il serait injuste d'exiger de tous le même genre de preuves qui, faibles peut-être et insuffisantes dans les circonstances ordinaires, devront leur force et leur admissibilité à l'impuissance où la force majeure a mis les colons d'administrer des preuves plus complètes ; il faut chercher, sans doute, les moyens pour que cette facilité, commandée par la position où l'on se trouve, ne dégénère pas en abus et n'ouvre pas des portes à la fraude ; mais tout homme impartial reconnaîtra que ces situations, ces nuances si variées et si difficiles à marquer, ne peuvent être prévues dans une loi dont le caractère est d'être générale et fixe ; qu'on ne saurait poser des règles inflexibles dont le résultat serait de repousser certains réclamans, sous prétexte que leur position n'aurait pas été textuellement prévue, et d'assurer des droits incontestables à d'autres dont les demandes seraient évidemment exagérées.

» Quoiqu'on ait dit souvent et avec raison que l'arbitraire de la loi est préférable à l'arbitraire de l'homme, les lois civiles faites en général pour un ordre de chose régulier et paisible, décident formellement que, dans un grand nombre de circonstances, ce que les citoyens ont de plus important, leur état, ce qu'ils ont de plus cher, leur bonne foi, leur délicatesse, doivent être jugés par des présomptions abandonnées aux lumières et à la conscience des magistrats qui, combinant les divers élémens susceptibles d'éclairer leur raison et de guider leur justice, se décident par la réunion de documens, de circonstances, dont chacune, isolée, serait insuffisante, mais dont le nombre et la coïncidence suppléent à ce qui leur manque de force individuelle.

« A plus forte raison faut-il se confier à ces principes, lorsqu'il s'agit d'apprécier des indemnités dont la cause se rattache à des malheurs aussi grands en eux-mêmes, qu'imprévus pour ceux qui en ont été frappés, et que variés dans leurs circonstances. C'est à l'équité, au discernement de la Commission, qu'il faut laisser une appréciation qui échappe nécessairement à toute prévoyance; il serait injuste et désespérant de ne pas compter pour beaucoup sur la garantie que donne la responsabilité morale à laquelle seront soumis des hommes que la confiance du législateur aura investis d'un grand pouvoir discrétionnaire. »

DISCUSSION.

La Commission propose de rédiger ainsi le paragraphe 1er de l'article :

« *La Commission déterminera la va-*
» *leur des immeubles donnant lieu à in-*
» *demnité, d'après les actes et documens*
» *qui seront produits devant elle, et*
» *même par voie d'enquête, si elle le juge*
» *convenable.* »

M. Pardessus :

« Le projet de l'art. 7, tel que l'a proposé le Ministre, autorise la Commission
à se décider, même d'après des enquêtes,
s'il y a lieu ; ces mots, *s'il y a lieu,*
supposent une relation avec les lois
ou les règles qui décident, quand il y
a lieu, d'admettre la preuve testimoniale. Ces lois et ces règles sont dans les
Codes ; mais les circonstances ne permettent pas de se référer ici au droit commun
sur l'admissibilité de la preuve testimoniale, nous pensons que l'idée qu'on a eue
en vue sera mieux exprimée par ces mots :
« *même par voie d'enquête, si elle le*
» *juge convenable.* »

» Le Gouvernement et la Commission
ont été frappés de la nécessité de fixer
une époque pour la fixation de la valeur
des biens des colons, afin que la Commis-

sion d'exécution ne fût pas dans un vague
qui pourrait donner lieu à des accusa-
tions d'arbitraire. Le Gouvernement a
présenté 1789 comme l'époque de la fixation de cette valeur. Voici maintenant les
difficultés qui ont engagé la Commission
à vous soumettre une rédaction qui, peut-
être, est un peu vague, mais qui, au
moins, est susceptible de rectification.

« Il y a pour le jugement de l'indemnité deux opérations. Il faut savoir en
quoi consistaient les biens perdus, et ensuite donner à ces biens une valeur. En
quoi consistaient les biens perdus ? Il faudrait pouvoir le connaître à l'époque précise où les propriétaires ont été dépossédés : sans cela, on est exposé à commettre des injustices. Par exemple, en
prenant 1789 comme base de l'opération,
il peut arriver qu'un colon ait eu en 1789
un terrain vague, et qu'il l'ait cultivé en
1790 et 1791 ; car ce n'est qu'en 1791 que
les premières insurrections ont eu lieu,
et il y a eu des établissemens où les propriétaires ont continué les améliorations

commencées, et en ont fait de nouvelles. Prendre 1789 pour dominer l'opération relative à la consistance des biens, était une époque qui pouvait nuire à quelques colons, et même à la masse. Un homme pouvait avoir un établissement où se trouvaient deux cents esclaves qui faisaient à-peu-près partie de la terre (je prie la Chambre d'excuser cette expression), comme les animaux attachés à la culture des biens, cet établissement valait autant qu'une propriété plus considérable, en raison de la quantité de nègres qui y étaient attachés ; mais si cet homme a vendu les trois quarts de ses nègres en 1791, avant l'insurrection, il n'en a perdu que cinquante ; et, par conséquent, il n'a pas perdu la valeur qu'avait sa propriété en 1789.

» C'est pour éviter cet inconvénient, que la Chambre a pensé qu'il fallait supprimer le chiffre de 1789. Je dois dire qu'après un examen plus attentif, l'amendement de la Commission paraît offrir un inconvénient ; car il y a nécessité d'indiquer à la Commission d'après quelle valeur des propriétés elle devra se déterminer; autrement, elle pourrait se fixer tantôt d'après la valeur de 1790, tantôt d'après celle de 1789, ou même de 1791, ou bien de 1788; il y a donc nécessité d'indiquer une époque pour la deuxième partie de l'opération; il ne s'agit plus que de savoir quelle époque est la plus convenable.

» La Commission préparatoire avait essayé de connaître quelle avait été la valeur commune des denrées dans la colonie, pendant un certain nombre d'années ; elle avait pensé qu'on pouvait prendre un certain nombre d'années , comme quatorze ; qu'en diminuant de ces quatorze années les deux plus faibles, et en prenant la moyenne proportionnelle des douze restantes, on aurait un moyen terme assez exact; mais cette opération n'était pas facile pour Saint-Domingue, car les mercuriales n'existent pas pour un terme aussi long. La Commission avait pensé que 1789 était une époque favorable. Je ne crois pas que nous devions nous écarter de ce moyen terme;

mais il me semble qu'il faudrait que la rédaction fût faite en ce sens ; qu'elle laissât à la Commission d'exécution le droit de se déterminer par la connaissance qu'elle pourra se procurer sur les biens ; sans avoir égard à telle ou telle année ; c'est pour atteindre ce but que je propose de rédiger ainsi l'art. 7 :

« *La Commission statuera sur les ré-* « *clamations, d'après les actes et do-* » *cumens qui seront produits devant elle,* » *même par voie d'enquête, si elle le* » *juge convenable ; elle appréciera les* » *biens suivant leur consistance à l'é-* » *poque de la perte, et d'après la va-* » *leur commune des propriétés dans la* » *colonie en* 1789.

» Je prie la Chambre de prendre ceci pour un amendement que je propose, et de délibérer en conséquence. »

Aucune réclamation ne s'élève contre l'amendement de *M. Pardessus* ; il est mis aux voix et adopté.

M. Du Hamel demande qu'on ajoute à cet amendement le suivant qu'il propose.

« *Il sera ajouté à la valeur des im-*
» *meubles ruraux une estimation des*
» *nègres prouvés existant sur lesdits im-*
» *meubles en 1789.* »

» Séparer, dit-il, les nègres des propriétés, ce serait s'exposer à faire une erreur dans certains cas, du tiers de la valeur des propriétés, dans d'autres de la
moitié, dans d'autres enfin des deux tiers.

» Vous ne voudriez certainement pas
que les colons qui ont perdu leur territoire et leur mobilier, soient privés du
bénéfice des contrats qu'ils ont faits par
suite de leur bonne foi et de leur confiance dans la mère-patrie. Les nègres
ont été achetés par suite des lois. Plusieurs
arrêts du conseil encouragèrent les colons
à en amener sur leurs habitations, et des
primes furent accordées à ceux qui en
amèneraient le plus. Du nombre de ces arrêts est celui de 1784.

» Les nègres faisaient la plus grande partie de la valeur des propriétés, vous ne
pouvez les en distraire à l'instant où il
s'agit d'indemniser les colons des pertes
qu'ils ont faites.

L'amendement n'est pas appuyé.

L'article est mis aux voix et adopté.

CHAMBRE DES PAIRS.

RAPPORT.

M. le baron Mounier :

« On aurait désiré pouvoir donner à la liquidation une règle fixe et déterminée ainsi que cela a eu lieu pour l'indemnité allouée aux émigrés ; mais, comme nous l'avons déjà indiqué, il n'était pas possible d'établir une similitude. La spoliation des émigrés a été consommée par des actes réguliers qui ont établi ou fourni des bases pour l'évaluation de leurs biens. Si ces bases appliquées à la liquidation de l'indemnité, ont l'inconvénient de blesser souvent l'équité, du moins elles ont l'immense avantage d'exclure l'arbitraire et de permettre à chacun de vérifier lui-même la liquidation qui le concerne : à Saint-Domingue, au contraire, la spoliation des colons, consommée successivement au milieu du carnage et des flammes, n'a été accompagnée d'aucun acte qui ait attribué une valeur à leur propriété. Il faut, après trente ans, chercher et reconnaître celle qu'elles avaient quand ils en furent dépossédés. La Commission préparatoire a cherché à fixer des règles d'évaluation. Ce sont d'utiles jalons pour guider la marche de la Commission de liquidation ; mais ces règles ne partant point d'un acte authentique, comment pourrait-on les opposer aux titres primitifs que les réclamans auraient à présenter ? Le projet de loi a donc déféré à la Commission le soin de fixer la valeur des immeubles, d'où doit résulter la répartition de l'indemnité. Il statue seulement que ces immeubles seront appréciés d'après la valeur commune des propriétés dans la colonie en 1789.

» Quelques personnes ont pensé qu'il pourrait résulter de la règle ainsi posée, dans bien des cas, un effet contraire à la justice distributive. Un colon a pu améliorer, accroître même sa propriété en 1790 et 1791, et cependant l'indemnité qu'il réclamerait ne serait calculée que sur la valeur de cette propriété en 1789.

» Si cette interprétation était fondée, elle irait plus loin. On devrait en induire que celui qui n'était devenu propriétaire qu'en 1789, serait exclu du partage de l'indemnité. Telle n'est pas l'intention du projet de loi, et ses termes ne nous paraissent point ambigus. Il suffit, pour s'en convaincre, de lire le paragraphe en entier : « les biens seront appréciés suivant » leur consistance à l'époque de la perte, » et d'après la valeur commune des pro- » priétés dans la colonie en 1789. »

» Ainsi l'immeuble pour lequel on prétend à l'indemnité sera considéré tel qu'il était au moment où le propriétaire en a été dépouillé ; mais sa valeur sera calculée sur la valeur commune des propriétés en 1789. Cette année est l'année normale, qui doit servir de mesure uniforme. Si cette règle n'avait pas été établie, chaque réclamant aurait prétendu faire adopter l'année qu'il aurait crue la plus avantageuse à ses intérêts.

« On estime à 1,500 millions environ la valeur des immeubles qui donneront droit à l'indemnité. La portion des 150 millions afférente à chacun des réclamans, sera donc environ du dixième de la valeur des immeubles qui lui appartenaient. C'est dans cette proportion que l'indemnité sera provisoirement fixée. Nous disons provisoirement, puisque la proportion exacte entre l'indemnité et les réclamations ne pourra être connue et déterminée que lorsque toutes ces réclamations auront été présentées et liquidées. »

L'article est adopté sans discussion.

ARTICLE ADDITIONNEL PROPOSÉ PAR LA COMMISSION DE LA CHAMBRE DES PAIRS.

RAPPORT.

M. le baron Mounier :

» La marche de la liquidation ayant été tracée, et le mode de paiement se trouvant déterminé, il fallait songer aux droits que les créanciers auraient à faire valoir.

» Si la loi était restée muette à cet

égard, si elle s'en était rapportée au droit
commun, les créanciers auraient mis opposition à la délivrance de l'indemnité accordée à chacun des colons, et on peut dire
que cette indemnité aurait passé tout
entière dans leurs mains.

« Il est admis, sans contestation, que
les colons de Saint-Domingue, pris dans
la généralité, devaient au moins une année du revenu de leur habitation. Si
nous évaluons ce revenu pour toutes les
habitations à 150 millions, la dette serait
égale à l'indemnité ; mais trente-cinq années d'arrérages l'ont presque doublée ; il
s'en suivrait évidemment que, dans la plupart des cas, la portion attribuée au colon
serait immédiatement transportée au créancier ; que le colon n'y gagnerait pas même
d'être libéré, et que le moment où il at-
tendait de la sollicitude royale un allége-
ment à sa misère, serait celui où il perdrait sa dernière espérance.

« Ces considérations ne pouvaient échap-
per ni à la Commission préparatoire, ni

au Gouvernement. Une disposition spéciale a été introduite dans le projet : l'article 9 statue que les créanciers de Saint-Domingue ne pourront former saisie-arrêt sur l'indemnité que pour un dixième du capital de leur créance.

» Il résulte de cette disposition que tant que l'indemnité accordée à un colon restera déposée à la caisse des consignations, la jouissance du revenu des neuf dixièmes lui sera assurée; mais que du moment où il voudra disposer de cette somme, elle pourra être saisie comme pourront l'être tous les autres biens dont il jouit.

» Les colons ont fait entendre les plaintes les plus amères; de nombreuses pétitions ont porté à vos Seigneuries l'expression de leur douleur. Quoi! s'écriaient-ils, nous avons emprunté sur le gage d'une habitation, l'habitation a disparu dans d'horribles convulsions, et le créancier serait traité comme si nous recouvrions notre ancienne richesse !

» Votre Commission devait d'ailleurs

donner une attention particulière à une question vivement discutée dans l'autre Chambre.

» En exposant les motifs du projet de loi, *M. le Ministre des finances* avait dit : « L'indemnité se réduit pour les colons au » dixième des propriétés qu'ils ont per- » dues à Saint-Domingue. Réduire égale- » ment au dixième les droits que les créan- » ciers pourront exercer sur l'indemnité, » est un acte de justice qui eût suffi pour » rendre une loi indispensable. » Il a semblé à votre Commission que l'attente que faisaient naître ces paroles n'avait pas été remplie; elle annonça une réduction des droits des créanciers et le projet de loi limite seulement la faculté de la saisie-arrêt.

» On a répondu, pour repousser cette réduction proportionnelle, que ce serait une abolition de dettes : que le législateur même n'avait pas le droit de la prononcer, que, dans aucun cas, le débiteur ne pouvait alléguer, pour diminuer sa dette, la dimi- nution de sa fortune; que la cession totale de ses biens, dans les formes voulues par

la loi, pouvait seule libérer ; que souvent
des désastres imprévus portaient la ruine
dans une famille, et que cependant elle
ne demandait pas l'extinction de ses dettes ;
qu'en acceptant la mesure proposée, on
établirait un dangereux exemple, et qu'enfin, pour être touché du malheur des colons, on ne devait point méconnaître les
malheurs de leurs créanciers ; que, dans
une pareille circonstance, pressé entre des
intérêts si divers, le Gouvernement avait
agi prudemment en proposant de s'en
rapporter aux lois qui suffisent pour régler dans toutes les circonstances les rela-
tions des débiteurs et des créanciers.

» Ces argumens n'ont point fait naître
la conviction dans l'opinion des membres
de votre Commission.

» Les lois civiles doivent être soigneu-
sement respectées. Il convient d'éviter
l'occasion de prononcer des exceptions
qui, même équitables, ouvriraient la voie
à d'autres exceptions ; ce sont là des principes que nous professons tous ; mais n'est-
il pas des cas cependant où des exceptions

sont nécessaires? Ou plutôt n'y a-t-il pas des cas où le droit commun cesse d'être applicable?

N'est-il pas des circonstances où le législateur doit intervenir, parce que la loi générale n'ayant pu les prévoir, n'avait pu statuer? Il s'est interposé entre l'émigré et son créancier : il y aurait-il moins de motifs de considérer l'indemnité des colons comme échappant à la loi commune? non, certainement, une population expulsée tout entière, éloignée à jamais du sol qui la nourrissait, serait-ce là un cas auquel les règles du Code et de la procédure dûssent invinciblement s'appliquer? Tout n'est-il pas extraordinaire, inouï dans les événemens qui motivent la loi qu'on vous propose d'adopter?

» L'autorité de la loi n'est point circonscrite, rien n'est au-dessus d'elle : elle n'est arrêtée que par les principes de justice éternelle gravés dans la conscience intime de tous les hommes; ne disons donc pas qu'elle ne peut, mais cherchons plutôt ce qu'elle doit.

» Il n'y a point d'analogie entre la position des colons et celle des créanciers ordinaires, le débiteur doit supporter sa dette quel que soit le sort de sa fortune; autrement ce serait ouvrir une large porte à la mauvaise foi, encourager l'inaction et l'oisiveté, entraver toutes les transactions. La loi n'a pu admettre de composition, elle a voulu être absolue; on a rappelé les fléaux qui fondent quelquefois sur nos campagnes et nos cités; on n'a point fait remise de leurs dettes aux incendiés de Salins, a-t-on dit à une autre tribune; mais c'est que ces accidens funestes, ces désastres, heureusement peu fréquens, sont cependant dans le cours ordinaire des choses, ils sont entrés dans la prévoyance du législateur; il n'a pas cru que les avantages des exceptions, en faveur de ceux qui en auraient été les victimes, pussent balancer les inconvéniens qu'ils offriraient à la société considérée dans son ensemble. Remarquez, d'ailleurs, Messieurs, que quelle que soit l'étendue de ces désastres, il est bien rare que la ruine complète du débiteur en soit le résultat, le sol lui reste ; ses parens, ses amis, ses concitoyens viennent à son secours. En est-il de même des colons ? *La terre même a manqué sous leurs pieds !* Tous ont été frappés du même coup, et depuis lors ils n'ont reçu que des secours précairement votés en leur faveur.

» Il est vrai que le législateur doit contempler d'un œil égal tous ceux qui attendent ses décisions. Les intérêts des créanciers ont droit aussi à sa protection ; mais n'est-il pas certain qu'il n'est pas à présumer que celui qui prête emploie tous ses fonds dans un pareil placement, que le créancier, en perdant sa créance, ne perd par conséquent presque jamais tous ses moyens d'existence ; tandis que, dans la catastrophe dont nous subissons les conséquences, le débiteur a incontestablement perdu la totalité de sa fortune.

» Il faut d'ailleurs examiner quelle est la nature, quels sont les caractères particuliers des créances qui pèsent sur les colons de Saint-Domingue.

La plupart ont pour objet l'exploitation

84 ARTICLE 6.

des sucreries de l'île. Des fonds ont été
avancés, des nègres ont été vendus antérieurement aux troubles qui ont préludé
à la destruction de la colonie. Les négo-
cians qui avaient avancé les fonds ou vendu les nègres, avaient pour gage l'habitation et spécialement ses revenus ; c'est pour
ainsi dire à l'habitation plutôt qu'au propriétaire qu'ils avaient prêté : l'habitation
a été anéantie, le gage a disparu. Ces circonstances ne pouvaient manquer d'exci-
ter la sollicitude du Gouvernement. Six
fois, depuis 1802 jusqu'en 1818, ses actes
ou la loi elle-même se sont occupés des
créances qu'on a spécialement qualifiées
de créances de Saint-Domingue. L'arrêté
du 5 septembre 1802 (19 fructidor an 10)
prononça, en faveur des débiteurs, « *un*
» *sursis aux poursuites relatives au paie-*
» *ment des créances antérieures au 1er jan-*
» *vier 1792, causées pour vente d'habita-*
» *tions et de nègres de Saint-Domingue,*
» *ainsi que pour avances faites à la cul-*
» *ture dans cette colonie.* »
» Ce sursis a été successivement et régu-

lièrement renouvelé jusqu'en 1820 : d'a-
bord par un décret du 20 juin 1807, et, depuis la restauration, par les lois du 2 septembre 1814, du 21 février 1816, et du
15 avril 1818.

« Les créances ainsi spécifiées n'ont-elles
pas été placées par ces dispositions extraordinaires hors du droit commun, et ne
serions-nous pas autorisés à regarder sous
ce rapport, la chose comme déjà jugée?

» Il y a plus : la loi du 2 septembre
1814 et celle du 21 février 1816, portent
que le Ministre de la marine recueillera
les renseignemens et avis nécessaires pour
préparer une loi qui concilierait les intérêts des colons et de leurs créanciers.

» Le Roi, la Chambre des Pairs, la
Chambre des Députés pensaient donc en
1814 et en 1816 que la force des choses,
comme l'équité, voulaient que ces créances devinssent l'objet de l'intervention de
l'autorité législative.

» Votre Commission le pense aujour-
d'hui, et elle croit devoir vous proposer
de décider que l'indemnité à accorder aux

anciens colons sera répartie proportionnellement entre eux et leurs créanciers.

» Le propriétaire recouvrera le dixième
de la valeur de sa propriété; le créancier
recouvrerait le dixième de sa créance.

» Si l'indemnité du propriétaire s'élève
au-dessus du dixième, ou si elle reste au-
dessous, l'indemnité du créancier s'élève-
rait ou s'abaisserait dans la même proportion.

» Mais, dira-t-on, il était des colons
qui, possesseurs de propriétés considérables à Saint-Domingue, possédaient aussi
des terres en France. Alors ce n'est pas
seulement sur le gage de Saint-Domingue
que le créancier avait prêté, il n'avait
point scindé la fortune de son débiteur;
elle lui répondait, dans son entier comme
dans ses parties, du paiement de sa créance.

» Cela n'est point contestable, mais il
est à croire que lorsqu'un colon se trouve
dans ce cas, son créancier ne peut attendre
trente-cinq années pour le forcer à s'acquitter, ou du moins pour prendre des
mesures conservatrices de ses droits. Tou-

tefois, la loi ne doit point s'arrêter aux vraisemblances. Voudriez-vous que, se prévalant de la réduction prononcée, le débiteur annulât ses engagemens et profitât ainsi avec scandale de la disposition prise en faveur de ceux qui, ayant tout perdu, n'auraient d'autres moyens d'existence que l'indemnité qu'ils vont recevoir? Non, assurément; telle ne saurait être votre intention; mais il nous semble qu'il serait facile d'éviter toute atteinte aux droits acquis, de conserver aux créanciers la sûreté qu'ils auraient en ce moment pour remplir cet objet; votre Commission pense qu'il suffirait de déclarer que tout acte, toute transaction passée relativement au paiement des créances dont il s'agit, conserverait son effet, et que les créanciers pourraient continuer à exercer l'intégralité de tous leurs droits sur les immeubles que le débiteur possédait avant le premier avril de cette année.

» Nous prions vos seigneuries de peser avec soin la proposition que nous avons l'honneur de soumettre à leur sagesse, elle nous paraît de nature à ménager, autant que les circonstances le permettent, des intérêts opposés ; le colon disposerait de l'indemnité qu'il doit à la sollicitude royale, les immeubles qu'il pourrait acquérir au moyen de cette indemnité ne seraient point confondus avec ceux qu'il aurait possédés auparavant, les contrats d'acquisitions ont une date certaine, il n'est donc point à craindre qu'il y ait fraude ou difficulté dans l'exécution.

» Nous avions voulu d'abord nous borner à vous proposer d'appliquer la réduction proportionelle aux créances spécifiées dans les arrêtés et lois de sursis, auxquels on se serait référé. Vous en avez entendu la nomenclature ; mais nous avons observé que cette nomenclature n'était pas complète ; il nous a paru qu'il était indispensable d'y comprendre les créances ayant pour cause des dons et des legs. Un colon a reçu en 1791 une succession considérable ; il devait acquitter des legs faits par le testateur ; la succession a été enlevée, il n'en reparaît qu'un dixième: serait-il juste que sur ce dixième les legs fussent acquittés intégralement? N'est-il pas évident que la règle de la division proportionelle de la somme recouvrée, conseillée par l'équité, doit également s'étendre à ce cas?

» Une autre question se présentait : Vous avez vû que nous vous proposons de réduire les créances antérieures à 1792 au dixième de la valeur du capital. Les intérêts seront-ils réduits dans la même proportion? seront-ils réservés, ou bien seront-ils considérés comme éteints?

» Le débiteur sert les intérêts parce que le capital qu'il a emprunté lui permet de retirer de sa propriété un revenu équivalent. Mais dans la catastrophe dont nous cherchons à adoucir les effets, le débiteur a perdu sa propriété tout entière, il n'a point touché de revenu. S'il est juste qu'il ne partage avec ces créanciers que dans la proportion qu'il recevra, il nous semble conforme aux mêmes principes que le colon soit dispensé de

8*

payer les intérêts : il doit donc être interdit de les répéter.

» Nous vous prions d'observer, Messieurs, que nous n'entendons parler que des créances contractées antérieurement à 1792. Toutes celles qui seraient plus récentes restent assujéties au droit commun ; les lois de sursis ont établi cette différence : la raison est facile à saisir ; ceux qui ont prêté aux colons, postérieurement à cette époque, n'ont sans doute point compté sur le gage de propriétés situées dans une île déjà livrée aux ravages de l'incendie. Ils leur ont prêté sur la connaissance d'autres ressources, où d'après une confiance personnelle, de sorte que ces créances ne sont point dans une catégorie différente de celles qui, dans le cours ordinaire des choses, éprouvent l'effet des événemens sinistres dont un débiteur est frappé.

« En conséquence, nous vous proposons d'adopter l'article additionnel suivant :

« *Le capital des créances, dites de*

» *Saint-Domingue, antérieures au* 1er
» *janvier* 1792, *et ayant pour cause des*
» *dons, legs, ventes d'habitations, de*
» *maisons, de nègres ou des avances*
» *faites pour la culture, est réduit dans*
» *la même proportion (un dixième).*

» *Il ne pourra être fait aucune répéti-*
» *tion d'intérêts; néanmoins, les créan-*
» *ciers conserveront l'intégralité de leurs*
» *droits sur les immeubles possédés par*
» *les colons avant le* 1er *avril de la pré-*
» *sente année. Tout acte ou transaction*
» *passé relativement au paiement des*
» *créances ci-dessus mentionnées, sortira*
» *son plein et entier effet.* »

DISCUSSION.

M. le comte Cornudet :

« Les débiteurs ne peuvent demander
aucuns dommages et intérêts à leurs créanciers. S'ils ont perdu leur fortune, ils ne
peuvent leur imputer leur perte.

» Toute créance est une valeur sociale,
une véritable propriété, et toutes les propriétés sont déclarées inviolables par la

Charte. Le pouvoir ne peut intervenir dans les contrats ; et si la pitié lui impose un devoir envers des malheureux, ce ne peut être que celui de tempérer à leur égard la rigueur des contraintes déterminées par le Code.

» On conclut de la disparition du gage, la nécessité de réduire l'obligation. Je n'examine point si l'obligation peut être éteinte par la perte du gage qui en était l'accessoire. Je me contente d'observer que la disparition du gage ne peut être alléguée, puisqu'il est, en partie, du moins, remplacé par l'indemnité.

» Les créanciers des colons n'ont-ils eux-mêmes éprouvé aucune infortune ? Sont-ils sans dettes, sans famille, sans misères ? La Chambre n'a point à prononcer sur le degré de commisération dû à chaque infortuné, mais sur des droits acquis ; si quelque malheureux a des droits spéciaux, ils sont la dette de l'État. L'abolition des créances ne peut pas plus être consacrée que l'envahissement de la propriété territoriale. »

M. le baron de Montalambert :

« Par l'émancipation de Saint-Domingue, les anciens colons se trouvent désormais sans roi, sans patrie, sans gouvernement ; c'est une position sans exemple. On avait vu jusqu'à ce jour des cessions de villes et de colonies ; mais où trouver un exemple d'une cession de territoire, à l'exclusion des habitans, d'une cession qui légitime en même temps l'expulsion des propriétaires ? Quelle application le droit commun peut-il recevoir à un cas si extraordinaire ? »

M. le vicomte Lainé :

« Depuis qu'il y a des lois et des contrats, le monde a éprouvé bien des révolutions et des désastres, et pourtant les contrats ont été maintenus ; le débiteur qui a perdu ses biens est toujours obligé de payer, s'il en a d'autres.

« Le premier consul, sans consulter les assemblées législatives, prit sur lui d'accorder un sursis au débiteur ; mais l'arrêté de 1802 (19 fructidor an 10), respecte les contrats ; il permet les poursuites conservatoires, les poursuites judiciaires, sauf l'exécution du jugement; tous les sursis postérieurs conservent les droits du contrat, et le dernier accordé en 1818, en contient la réserve expresse *en faveur des créanciers*. »

M. le marquis de Coislin :

« L'article proposé, loin d'être rigoureux pour les créanciers, leur est au contraire favorable. On sait qu'à Saint-Domingue, et d'après les lois particulières auxquelles cette colonie était soumise, les créanciers ne pouvaient saisir ni le fonds de l'habitation, ni les nègres employés à la culture. Les créanciers étaient donc eux-mêmes hors de ce droit commun invoqué aujourd'hui en leur faveur. »

M. Lally-Tollendal :

« Pourquoi ne pas faire, du moins pour les colons, ce qu'on a fait pour les émigrés? On a réduit pour ceux-ci à cinq années les intérêts de leurs dettes, et les colons sont accablés sous le poids énorme de trente-cinq années d'arrérages, en sorte que les sursis qui leur ont été accordés n'auraient fait qu'augmenter leur fardeau.

» Dans la circonstance présente, la règle doit être celle de Cicéron et d'Aratus : Qu'il n'y ait personne qui perde tout, et personne qui ne perde rien. »

La Chambre, après avoir entendu plusieurs orateurs pour et contre l'article, le met aux voix.

Le résultat du dépouillement du scrutin donne, sur un nombre de 186 votans, 132 suffrages contre l'amendement... Il est rejeté.

OBSERVATIONS.

Voyez, pour les actes à produire, les articles 2, 3, 4, 5 et 6; pour les formes de l'enquête, les articles 6 et 29 de l'ordonnance.

Pour mettre chaque réclamant à même d'estimer sa propriété, de calculer l'indemnité qui doit lui appartenir, d'apprécier les décisions de la Commission de liquidation, nous ne saurions mieux faire que de reproduire les bases de répartition qu'a proposées la Commission du 1er septembre; toutes, elles ont été justifiées dans le rapport fait au Roi. Le zèle, les connaissances étendues des membres, nous sont presque un sûr garant que, pour n'avoir pas été mises dans l'ordonnance d'exécution, elles n'en seront pas moins la règle la plus commune des évaluations.

IX.

1°. Ceux qui fonderont leur réclamation sur l'état des produits de leurs propriétés rurales recevront :

Par millier de sucre en blanc.	440 f.
de sucre brut....	250
de café...........	600
d'indigo...........	6,000
de coton...........	1,200
de cacao...........	520
Par boucaut de sirop........	73
Par barrique de tafia........	86

Lorsque la preuve du produit sera faite par les états de deux ou plusieurs années, la fixation de ce produit aura lieu d'après le terme moyen des états représentés.

Lorsque la preuve du produit ne sera faite que par l'état d'une seule année, la Commission, s'il lui paraît que l'année indiquée a été d'une abondance extraordinaire, est autorisée, d'après les renseignemens qu'elle se procurera, à faire une réduction qui ne pourra être plus forte qu'un cinquième.

X.

Ceux qui fonderont leur réclamation sur le nombre des esclaves attachés à la culture de leurs propriétés rurales, recevront :

Par chaque esclave de sucrerie, de..........
- 1re classe. 450 f.
- 2e id.... 415
- 3e id.... 380

Par chaque esclave d'une caféière, de.....
- 1re classe. 355
- 2e id.... 295

Par chaque esclave d'une cotonnerie, de...
- 1re classe. 308
- 2e id.... 267

Par chaque esclave d'une indigoterie, de..
- 1re classe. 310
- 2e id.... 266

Par chaque esclave

d'une cacaoterie de toute
espèce   286

Par chaque esclave de
hattes ou places à vivres
indépendantes d'habita-
tions, de guildiveries,
briqueteries, fours à
chaux, tanneries.....   250

XI.

Les conditions nécessaires pour être ad-
mis dans la 1re et la 2e classe des sucreries,
sont :

1°. Qualité supérieure du sol ;

2°. Rouler en blanc ;

3°. Avoir des prises d'eau, des eaux
d'arrosage ou moulins à eau ;

4°. Être à une distance très-rapprochée
de l'embarcadère ;

5°. Avoir un grand nombre d'animaux
servant à l'exploitation.

Les conditions pour être admis dans la
1re classe des caféières, cotonneries, cacao-
teries et indigoteries, sont :

1°. La qualité supérieure du sol;

2°. L'étendue des terres ou de bois debout propres à étendre et renouveler les cultures dépendant de l'habitation;

3°. La distance très-rapprochée de l'embarcadère;

4°. Un grand nombre d'animaux servant à l'exploitation.

On ne pourra être admis dans la 1re classe des sucreries, si l'on ne réunit au moins deux des trois premières conditions ci-dessus; et dans la 2e, si l'on ne réunit une des trois premières conditions et les deux dernières.

XII.

Les réclamans qui établiront leurs droits par des titres translatifs ou attributifs de propriété, tels que des contrats de vente, ou partages, seront liquidés ainsi qu'il suit:

Lorsque le titre exprimera le prix d'acquisition ou d'évaluation, le réclamant recevra le dixième de ce prix.

Lorsque l'acte exprimera le nombre des

esclaves qui exploitaient la propriété, il sera procédé à la liquidation conformément à l'art. 10.

Lorsque, dans un partage, l'estimation des lots n'aura point été exprimée, le prix de l'objet réclamé sera fixé d'après celui qui pourra être reconnu par la Commission en être la valeur corrélative, et l'indemnité sera du dixième de ce prix.

XIII.

Dans les cas prévus par les articles précédens, les réclamans auront droit à être liquidés à leur choix, par la preuve des revenus, ou par le nombre des esclaves, ou par la valeur stipulée dans les actes.

XIV.

Les propriétaires de maisons ou d'emplacemens urbains reconnus susceptibles d'une valeur locative qui, par les moyens indiqués dans l'art. 8, prouveront le montant annuel du loyer, en recevront une année, déduction faite du dixième pour l'impôt et les réparations.

S'ils ne justifient que du contrat d'acquisition, ils recevront les neuf centièmes du prix stipulé au contrat.

XVI.

Il sera fait déduction à chacun des réclamans du nombre des nègres pris par réquisition du gouvernement anglais, et dont ils auraient reçu le prix, ainsi que de ceux qu'ils auraient emmenés dans d'autres colonies ou pays étrangers.

Le montant de cette déduction sera fixé par tête d'esclave, d'après les bases énoncées en l'article 10.

Nous le répétons, ces bases d'évaluation n'ont rien d'officiel; l'ordonnance, en gardant le silence sur ce point, a voulu tout à la fois, et prévenir les injustices à l'égard de la masse, et conserver à la Commission le caractère *de grand jury d'équité* qu'on lui a attribué.

ARTICLE VII.

LOI.	PROJET.
Il y aura près de la Commission, un commissaire du Roi chargé de requérir le renvoi devant les tribunaux, des jugemens des questions d'état ou de propriété qui seraient ou pourraient être opposées aux réclamans ; de proposer, dans chaque affaire, et spécialement sur la valeur attribuée aux immeubles, et sur la	*Il y aura, près de la Commission, un commissaire du Roi chargé de requérir le renvoi devant les tribunaux, du jugement des questions d'état et de propriété qui seraient ou pourraient être opposées aux réclamans ; de proposer, dans chaque affaire, et spécialement sur la valeur attribuée aux immeubles, et sur la*

quotité des indemnités réclamées, toutes les réquisitions qu'il jugera utiles aux intérêts de la masse ; d'agir et de procéder, en se conformant aux lois, partout où il y aura lieu, pour la conservation de ces intérêts ; et d'interjeter appel des décisions rendues par les sections, qui lui paraîtront blesser ces intérêts.

CHAMBRE DES DÉPUTÉS.

RAPPORT.

M. Pardessus :

« Cet article propose d'établir auprès de la Commission de liquidation un commissaire du Roi chargé de défendre les in-

térêts de la masse, et lui donne, à cet effet,
diverses attributions importantes.

»La Commission, créée par l'ordonnance
du 1er septembre, n'avait pas pris l'initia-
tive de cette proposition; elle avait raison-
né dans le système suivi jusqu'à présent,
qui laisse le soin de défendre les intérêts
de la masse au Ministre des finances; elle
avait en cela conformé son opinion à ce
qui a été décidé par la loi du 27 avril 1815.

» La disposition du projet de loi est
nouvelle; nous avons dû examiner si elle
avait quelque chose de contraire à nos institutions, si elle était utile.

» C'est un principe incontestable du
droit public de France, que le Roi est tuteur né de tous les intérêts collectifs, dont
les ayant-droit ne peuvent se réunir pour
s'entendre, et surtout des intérêts qui sont
de nature à se compliquer par un grand
nombre d'éventualités, dont la prévoyance
ou la direction peuvent influer sur leurs
résultats.

» Le Roi exerce cette tutelle par des dépositaires de son autorité; et, selon que

ces intérêts collectifs sont permanens ou temporaires, il en confie la surveillance à l'administration générale, ou à des préposés spéciaux.

» Le Roi aurait incontestablement le droit de laisser à son ministre le soin de défendre les intérêts de la masse des colons, comme il vous l'a proposé dans la loi du 27 avril, relativement à la masse des ayant-droit à l'indemnité votée par cette loi.

» Mais, en qualité d'administrateur suprême, il peut mieux que nous, il a d'ailleurs seul le droit de juger s'il n'est pas plus convenable de déléguer un commissaire.

» L'institution de ce commissaire ne serait donc pas en elle-même un objet législatif, tant qu'il ne s'agirait que de lui confier une surveillance qui appartient à l'administration suprême du Roi. Néanmoins, l'intervention de la loi devient indispensable pour lui attribuer une action qui le rende capable de défendre la masse même devant les tribunaux; qui lui donne le caractère de légitime contradicteur, à un point tel, que ce qui aura été jugé contre lui, sera réputé jugé contre cette masse.

» Il reste à examiner si l'institution est utile. Nous n'hésitons point sur l'affirmative.

» Plus les pouvoirs de la Commission de liquidation seront étendus, plus aussi nous croyons qu'il est bon de placer auprès d'elle un contre-poids dans l'action journalière d'un commissaire, entendu nécessairement avant qu'aucune décision soit prise, et investi du droit d'en interjeter appel.

» Plus la Commission, dénuée de bases légales, aura besoin de s'entourer de renseignemens disséminés dans un grand nombre de fonctionnaires résidans en France ou en pays étrangers, plus il est nécessaire qu'un intermédiaire officiel soit chargé exclusivement de ce travail, qui perdrait son unité, et par conséquent tous ses avantages, s'il était partagé entre tous les membres de la Commission.

» Si l'institution d'un commissaire n'était point adoptée, ce serait au Ministre que ces attributions seraient dévolues, et, par le fait, ce serait à des employés qui n'offriraient pas la même garantie qu'un commissaire nommé par le Roi. »

L'article est adopté sans discussion.

CHAMBRE DES PAIRS.

RAPPORT.

M. le baron Mounier reproduit les motifs développés déjà par *M. Pardessus.*

L'article est adopté sans discussion.

ARTICLE VIII.

LOI.	PROJET.
L'indemnité sera délivrée aux réclamans par cinquième, d'année en année. Chaque cinquième	*L'indemnité sera délivrée aux réclamans par cinquième, d'année en année.*

portera intérêt, conformément à l'art. 14 de l'ordonnance du 3 juillet 1816, après que la partie correspondante des 150 millions affectés à l'indemnité totale aura été versée dans la caisse des dépôts et consignations.

L'excédant ou le déficit, s'il y en a, lorsque la liquidation aura été terminée, accroîtra ou diminuera la répartition des derniers cinquièmes, au centime le franc, des indemnités liquidées.

Chaque cinquième portera intérêt, conformément à l'article 14 de l'ordonnance du 3 juillet 1816, après que la partie correspondante des 150 millions affectés à l'indemnité totale aura été versée dans la caisse des dépôts et consignations.

L'excédant ou le déficit, s'il y en a, lorsque la liquidation aura été terminée, accroîtra ou diminuera la répartition des derniers cinquièmes, au centime le franc, des indemnités liquidées.

CHAMBRE DES DÉPUTÉS.

DISCUSSION.

M. Casimir Périer :

« L'article dit que l'indemnité sera délivrée aux réclamans par cinquième, et d'année en année; je demande quelle est l'époque précise où commencera le paiement de la première année. Il me semble que, d'après l'art. 4, ce paiement se trouve très-éloigné, puisque cet art. 4 accorde des délais d'un an, de dix-huit mois, de deux ans. Vous ne connaissez jusqu'à présent que la somme à répartir entre les ayant-droit; mais le diviseur de cette somme vous est inconnu, et vous ne pouvez le connaître de long-temps, puisqu'indépendamment des délais fixés, il faudra encore le temps d'aplanir les difficultés qui pourront s'élever.

» Il faut qu'il y ait une époque déterminée. Fixerez-vous cette époque à l'instant où tout le monde aura fait ses réclamations? Attendrez-vous que toutes les

liquidations soient faites, ou bien donnerez-vous des à-comptes? Si vous en donnez, dans quelle quotité les donnerez-vous?
A cet égard, il y a une observation grave
à faire. Je crois à la bonne foi des parties
contractantes. Je pense, j'espère que la
somme totale sera payée; mais enfin, tant
de circonstances peuvent survenir, tant de
causes de retard peuvent se présenter, si
vous n'attendez pas que toutes les réclamations soient faites et examinées, ceux
qui auront reçu seront bien nantis; ceux
qui viendront après ne trouveront rien.

» Je trouve donc que l'article de
la loi laisse trop de vague en ce qu'il
permet au Ministre de distribuer des
à - comptes qui ne devraient être distribués que d'après le texte de la loi. Il
importe que le Ministre des finances
veuille bien s'expliquer.

M. le Ministre des finances :

« L'art. 1er de la loi dit que les 150 millions seront intégralement appliqués à indemniser les colons, l'ordonnance porte
que les paiemens seront faits , d'année en

année, à partir du 1ᵉʳ janvier 1826, les intérêts étant pour le compte des colons, il n'y a intérêt pour personne à ce qu'ils soient liquidés plus tôt ou plus tard.

» Mais, s'écartant de l'art. 4, on objecte qu'il y a des délais accordés ; cela est vrai ; mais ce sont des délais de déchéance et non pas des délais qui obligent à ne venir que dans tel temps. On viendra aussitôt qu'on le pourra, et on ne manquera pas de le faire. Les délais n'ont pour objet que d'exclure ceux qui ne se présenteraient pas, et d'arriver à l'exécution du dernier paragraphe de l'article, qui porte que l'excédant ou le déficit accroîtra ou diminuera la répartition des derniers cinquièmes.

» Les colons recevront le premier cinquième aussitôt qu'ils seront liquidés ; ils l'auront en 1826, s'ils sont liquidés en 1826.

» Sans doute, il y aura des à-comptes si, par ce mot, l'on entend chaque cinquième, qui sera payé chaque année ; la Commission de liquidation dira à un colon, votre propriété valait 100,000 francs, c'est 10,000 francs d'indemnité qui vous reviennent, vous ne devez être payé que d'un cinquième en 1826, c'est par conséquent 2,000 fr. qu'il vous faut.

» Le ministère n'est pour rien dans le paiement de l'indemnité ; il s'agit d'un fonds particulier appartenant à des particuliers. Si on avait pu les syndiquer et leur dire : partagez entre vous les 150 millions, on l'aurait fait ; cela était impossible à cause du grand nombre des ayant-droit ; on a été obligé de recourir à la loi pour suppléer à cette impossibilité, mais on est resté dans cette position que le Ministre n'a pas à se mêler de l'opération. »

M. Casimir Périer :

« Qu'arrivera-t-il, si vous ne touchez que le premier cinquième? (*le Ministre des finances :* J'aurai partagé ce premier cinquième.) Mais, si vous commencez votre répartition avant de connaître la totalité de ceux qui auront à faire des réclamations, vous paierez le premier cinquième à ceux qui se seront présentés les premiers ; il en arrivera que les uns seront payés, que les autres ne le seront pas. »

MM. Casimir Périer et *Sébastiani* interpellent le Ministre sur le prêt fait à 3 et demi pour 100 par la caisse des consignations, des 24 millions déjà versés. La discussion s'engage sur la modicité de l'intérêt. On perd de vue la difficulté soulevée par *M. Casimir Périer.*

L'article est mis aux voix et adopté.

CHAMBRE DES PAIRS.

RAPPORT.

Le Baron Mounier :

« Le gouvernement de Saint-Domingue doit verser les 150 millions en cinq années : l'indemnité sera par conséquent délivrée aux réclamans par cinquième, d'année en année.

» Lorsque la liquidation sera complètement achevée, on comparera le montant des indemnités particulières à la somme de 150 millions. Si la somme totale des

10 *

liquidations est inférieure, la répartition du dernier cinquième sera augmentée proportionnellement; si elle est supérieure, cette répartition sera aussi proportionnellement diminuée.

» Les cinquièmes, remis aux réclamans, porteront intérêt à dater du jour où les fonds correspondans auront été versés dans la caisse des dépôts et consignations.

» Cet intérêt sera réglé à trois pour 100, comme cela est fixé pour tous les fonds déposés à la même caisse. »

L'article est adopté sans discussion.

OBSERVATIONS.

1°. La question agitée par *M. Casimir Périer* n'a pas reçu de solution. Quelque satisfaisantes qu'aient été les réponses de M. le Ministre des finances, sur l'opportunité du prêt qu'avait fait la caisse des consignations, elles n'ont point rassuré les colons qui entrevoient une liquidation difficile. Il est certain qu'aucune mesure de précaution n'est prise pour réta-

blir l'égalité, si le traité conclu avec
Haïti ne s'exécute pas intégralement.
Croyons à la loyauté des parties contractantes, mais aussi n'oublions pas que, dans
cinq ans, une foule de circonstances peuvent faire regretter à chaque colon, en
particulier, de n'avoir pas mis toute la
diligence possible dans sa réclamation.

2°. Pour éviter aux indemnisés les
désavantages de transactions ruineuses,
nous leur dirons, avec la Commission, en
estimant le capital de la colonie, d'après les
états de 1788 et 1789, à 1,581,771,260 fr.,
la somme totale de 150 millions est à peu
près un dixième de la valeur des propriétés
perdues.

« Non-seulement ce dixième sera at-
» teint, mais il recevra un accroissement
» assez considérable, dont il n'est pas pos-
» sible, il est vrai, d'indiquer la quotité,
» quoiqu'il soit facile d'en prouver la cer-
» titude. En effet, les calculs faits sup-
» posent que, quiconque était proprié-
» taire à Saint-Domingue, sera admis à
» réclamer, et fera sa réclamation dans

« les délais fixés ; mais si l'on considère
» que le fonds destiné aux colons ne peut,
» ni d'après le droit, ni d'après l'esprit
» de l'ordonnance du 17 août, être ac-
» cordé aux Haïtiens, puisque la révo-
» lution de Saint-Domingue ne les a pas
» dépouillés ; que les déshérences seront
» nombreuses après les immenses mal-
» heurs de la colonie ; que l'État re-
» nonce aux expectatives du fisc, et même
» à sa part pour les propriétés coloniales ;
» il est évident que les colons recevront
» au-delà du dixième du capital de leurs
» propriétés perdues. »

ARTICLE IX.

LOI.	PROJET.
Les créanciers des colons de Saint-Domingue ne pourront former saisie-arrêt	*Les créanciers des colons de Saint-Domingue ne pourront former saisie-arrêt*

de l'indemnité que pour un dixième du capital, de leur créance.

En cas de concurrence entre plusieurs créanciers, celui à qui est dû le prix, ou une portion du prix du fonds qui donnera lieu à l'indemnité, sera payé avant tous autres du dixième du capital de sa créance.

Les créanciers seront payés aux mêmes termes que les colons recevront leur indemnité.

sur l'indemnité que pour un dixième du capital de leur créance.

ARTICLE 9.

CHAMBRE DES DÉPUTÉS.

MOTIFS.

M. le Ministre des finances :

« Nous avons partagé avec la Commission préparatoire l'opinion que les créanciers des colons ne devaient être autorisés à former saisie-arrêt sur l'indemnité, que pour la dixième partie du capital. N'est-il pas juste, en effet, qu'après un tel naufrage, les victimes d'un malheur commun soient admises à partager, dans la proportion de leurs pertes, les tristes débris échappés à la tempête ? L'un doit-il être traité comme si rien n'eût péri ; l'autre, comme si rien n'eût été sauvé ? L'indemnité se réduit, pour les colons, au dixième des propriétés qu'ils ont perdues à Saint-Domingue ; réduire également au dixième les droits que leurs créanciers pourront exercer sur l'indemnité, c'est à notre avis un acte de justice qui eût suffi pour rendre une loi indispensable, alors même qu'aucune disposition relative à l'indem-

nité des colons n'eût nécessité l'intervention législative. »

RAPPORT.

M. Pardessus :

« La proposition de restreindre le droit
des créanciers de faire des saisies-arrêts
sur l'indemnité revenant à leurs débiteurs, dans une proportion relative à ce
que ces derniers peuvent espérer, avait
été faite par la Commission préparatoire.
Tout en reconnaissant ce principe, qu'en
général, les malheurs d'un débiteur, quelque grands qu'ils soient, ne sauraient
éteindre ses dettes, cette Commission,
conduite et soutenue par des analogies
dont il vous sera facile d'apprécier l'é-
quité, a pensé que, dans la circonstance
extraordinaire qui nous occupe, d'après le
caractère même de l'indemnité et les motifs qui ont porté le Roi à l'exiger, on
pouvait établir entre le droit de saisie-
arrêt accordé aux créanciers, et les sommes qu'obtiendront les anciens colons, la
même proportion qu'on suppose exister

entre l'indemnité et la valeur des propriétés perdues.

« Le projet de loi a adopté le principe de cette proposition; il n'en diffère que sur un point que nous discuterons ultérieurement.

« Nous devons commencer par vous entretenir des réclamations dont ce principe en lui-même, ou ses conséquences ultérieures, ont été l'objet.

» On a demandé, dans l'intérêt des colons, que le dixième attribué aux créanciers opérât la libération totale des débiteurs, et que le droit d'opposition fût restreint aux dettes contractées à Saint-Domingue, ou pour des propriétés de Saint-Domingue.

» Dans l'intérêt des créanciers, on a demandé que leur droit de saisie-arrêt pût être exercé non-seulement pour le capital, mais aussi pour les intérêts; qu'on classât les créances, et que le droit de saisie-arrêt, indéfini pour quelques-uns, fût restreint pour les autres, dans des proportions diverses, en raison de leur degré de faveur.

» Nous ne croyons pas, Messieurs, que vous puissiez décider qu'après l'exercice du droit du créancier, de saisir et arrêter jusqu'à concurrence du dixième de sa créance, le surplus de la dette sera éteint; le législateur a le droit, sans doute, de déclarer insaisissable quelques parties de l'actif d'un débiteur; de déterminer les conditions de la saisie qu'il autorise; mais son droit ne saurait aller jusqu'à prononcer l'extinction du capital d'une dette qui n'aurait été payée qu'en partie.

» Nous ne pensons pas aussi que vous deviez accueillir les demandes des créanciers qui demandent que les saisies-arrêts soient autorisées pour les intérêts.

» La faculté de faire des saisies-arrêts est une concession de la loi civile. Plusieurs législations ne la reconnaissent pas; la nôtre, qui l'admet en général, en a affranchi certaines valeurs, et l'on peut créer d'autres exceptions, sans violer l'é-

quité naturelle, fondement essentiel de
toutes les lois positives.

» Nous ne pensons pas non plus que,
dans l'intérêt, soit des débiteurs, soit de
quelques créanciers à l'égard des autres,
vous puissiez admettre de distinction entre
les dettes contractées à Saint-Domingue,
ou pour des propriétés situées dans cette
colonie, et les autres dettes. Tous les
biens d'un débiteur présens ou futurs,
sont affectés à ses engagemens. Celui qui
prête acquiert, par l'obligation personnelle du débiteur, le droit de le poursuivre sur tout ce qu'il possède.

» Il peut, sans doute, arriver qu'un débiteur ne soit obligé que limitativement
à tel objet ; de manière qu'en cessant d'en
être détenteur, il soit libéré ; mais cette
exception au droit commun, que les lois
autorisent, est de nature à être appréciée
par les tribunaux : le législateur ne peut
la suppléer dans les actes consommés qui
ne la contiennent pas.

» Il ne peut y avoir aussi aucune raison

fondée d'établir des classes entre les créanciers, selon l'époque à laquelle ils le sont devenus. Ces distinctions, qui seraient purement arbitraires, et pour la date et pour la nature des créances, donneraient lieu à des difficultés inextricables, souvent même à des fraudes, et dérogeraient sans utilité aux règles du droit commun.

» Nous devons cependant vous dire, Messieurs, que, parmi les réclamations mises sous vos yeux, il en est une qui nous a paru digne de considération ; elle concerne les vendeurs ou ceux qui sont légalement subrogés à leurs droits.

» La Commission nommée par l'ordonnance du 1er septembre avait proposé de leur accorder une préférence que le projet de loi semble leur refuser, au moins d'après les termes dans lesquels est conçu l'article 10 du projet.

» Cette Commission avait donné pour motif : « que le vendeur d'un immeuble n'est censé en avoir voulu transférer la propriété que sous la foi du paiement ; que l'acquéreur qui n'a pas payé est réellement moins propriétaire de cet immeuble que celui à qui le prix est dû. » Nous ne croyons pas qu'on puisse rien opposer à ces considérations d'une évidente raison ; et, en conséquence nous vous proposons une nouvelle rédaction de l'article 10 du projet.

» Cette nouvelle rédaction consiste à ajouter à cet article, la disposition suivante :

« En cas de concurrence entre plu-
» sieurs créanciers, celui à qui est dû
» le prix du fonds qui donnera lieu à
» l'indemnité sera payé avant tous les
» autres, du dixième de sa créance.

« Les créanciers seront payés aux mé-
» mes termes que les colons recevront
» leur indemnité. »

DISCUSSION.

M. Ricard (du Gard) :

« L'attention que vous donnez à la discussion du projet de loi, annonce assez l'intérêt que vous prenez aux malheurs que les colons ont éprouvés ; mais les créanciers de ces colons ne méritent pas moins votre sollicitude. Ces créanciers sont de deux espèces : les uns ont prêté des fonds ; les autres ont vendu les habitations pour lesquelles est allouée l'indemnité. Aussi, la Commission préparatoire, créée par l'ordonnance du 1ᵉʳ septembre, avait-elle fait une distinction entre ces deux sortes de créanciers. Elle avait appelé tout l'inrérêt sur les créanciers qui réclament le prix des habitations vendues ; en effet, le colon qui a acheté une habitation, et qui ne l'a pas payée, n'est pourtant pas colon, et, à ce titre, ne reçoit l'indemnité, que ponr l'habitation qui lui a été vendue. Le créancier qui n'a pas été payé a donc droit à la totalité de l'indemnité qui représente l'habitation vendue. Voici comment s'expliquait la commission prépatoire.

« Il est une espèce de créanciers qui doit
» être mise dans une catégorie différente.
» Ce sont ceux à qui est dû le prix des ob-
» jets mêmes qui donnent lieu à la ré-
» clamation. Le vendeur d'un immeuble
» n'est censé avoir voulu transférer la

11*

» propriété que sous la foi du paiement.
» L'acquéreur qui n'a point payé, est
» réellement moins propriétaire de cet
» immeuble que celui à qui le prix en est
» encore dû. La Commission propose donc
» que l'indemnité entière appartienne au
» créancier du prix, lorsqu'il n'aura rien
» touché, etc. »

» La Commission de la Chambre a d'a-
bord paru frappée de ces réflexions. Cependant, par une disposition que je ne
puis expliquer, elle vous propose de réduire les droits des créanciers au dixième
de leurs créances. Il me semble que cela
n'est point conforme aux principes de la
justice et de l'équité. Car celui qui a vendu
une habitation, et qui n'a pas été payé,
a droit à l'indemnité totale, qui n'est que
la représentation de la chose vendue.

» Je propose, au lieu des deux para-
graphes additionnels de la Commission,
la disposition suivante :

« *En cas de concurrence entre plu-*
» *sieurs créanciers, celui à qui est dû*
» *le prix du fonds qui donne lieu à l'in-*

» *demnité sera payé , avant tous autres ;*
» *de la totalité du prix du fonds , s'il*
» *n'a rien reçu , jusqu'à concurrence de*
» *la somme allouée au débiteur ; et s'il*
» *en a reçu une partie , d'une quotité*
» *proportionnelle à ce qui lui reste dû.* »

M. Pardessus :

« Les réflexions que chacun des membres a pu faire , vous ont convaincu que cette fois il y avait eu nécessité de sortir du droit commun. Il n'est pas possible de reconnaître aux créanciers le droit de demander sur l'indemnité , la totalité de leurs créances , puisque cette indemnité ne s'élève qu'au dixième des choses perdues.

» En principe, les créanciers ont le droit de demander la totalité de leurs créances aux débiteurs , quelque pauvres qu'ils soient. La loi ne distingue pas entre les malheurs causés par tel ou tel évènement. Il était donc nécessaire de déroger au droit commun.

» La Commission préparatoire , créée par l'ordonnance du 1er septembre , a-telle eu , comme on l'a prétendu , une opinion différente de celle de votre Commission , sur l'objet dont il est question ? C'est ce que je nie ; seulement, elle a présenté une autre rédaction qui, à mon avis, a l'avantage d'être plus courte et plus claire.

» Il fallait envisager les droits du créancier vis-à-vis de son débiteur, et en outre les droits des créanciers entre eux. A l'égard des premiers tout le monde paraissait sentir la nécessité de réduire la dette au dixième de la créance. Dans le fait il n'y avait que cela dans l'amendement de *M. Ricard :* car le créancier, même en prenant toute l'indemnité, ne pourra jamais prendre que le dixième de la chose vendue.

» Le vendeur, par cela seul qu'il n'aurait pas été payé, doit-il avoir le droit de demander la totalité de l'indemnité? Je crois, Messieurs, que si vous le lui accordiez, vous commettriez une injustice. Il sera facile de s'en convaincre par l'espèce que je vais poser.

» Un homme a acheté une habitation, moyennant 200,000 fr. Il peut se faire que l'habitation soit restée dans l'état où elle était au moment de la vente, mais supposez que l'acquéreur ait amélioré le fonds, qu'il ait placé sur cette habitation pour 200,000 fr. de nègres, de telle sorte qu'il en ait fait une habitation qui peut valoir 400,000 fr. Le dixième est 40,000 f.; eh bien, trouvez-vous juste que le vendeur prenne ces 40,000 fr. qui représentent toute l'indemnité? N'est-il pas plus conforme aux règles de l'équité que le vendeur prenne seulement 20,000 fr. qui est le dixième du prix de la vente, laissant 20,000 fr. à l'acquéreur comme dédommagement des améliorations faites au fonds vendu:

» La Commission a pensé qu'il était juste de considérer le vendeur comme la source de l'indemnité, et voilà pourquoi elle lui donne un privilége en cas de concurrence entre plusieurs créanciers, Elle a modifié sur ce point le projet de loi qui appelait tous les créanciers sans distinction, à toucher leur part dans l'indemnité, au marc le franc.

M. Ricard répond qu'il ne conçoit pas comment on a pu établir quelque similitude entre le système de la Commission préparatoire accordant au vendeur l'indemnité tout entière, et le projet de la Commission de la Chambre qui n'accorde au vendeur sur l'indemnité que le dixième de sa créance.

Quant aux améliorations dont on vous a parlé, ajoute M. Ricard, ces améliorations ne sont que l'accessoire du fonds vendu. Or, l'accessoire doit profiter au principal. Ainsi l'acquéreur n'a pas à se plaindre; et d'ailleurs, tant que le vendeur n'a pas reçu le prix de la vente, il est toujours considéré comme propriétaire de l'immeuble vendu.

M. Bonnet combat l'amendement de M. Ricard comme trop général et trop sévère.

L'amendement de M. Ricard est mis aux voix et rejeté.

2ᵉ AMENDEMENT.

M. Bonnet propose un amendement ainsi conçu :

» *Dans le cas cependant où une indem-*
» *nité serait dévolue à une succession*
» *collatérale, le vendeur du fonds, le coac-*
» *quéreur solidaire qui aura payé tout*
» *ou partie de la part de son coacqué-*
» *reur, le créancier privilégié subrogé*
» *aux droits du vendeur, pourront sai-*
» *sir la totalité de l'indemnité de leur*
» *débiteur jusqu'à concurrence de leur*
» *créance privilégiée.* »

« Il est incontestable que dans l'esprit du projet de loi, le législateur a voulu ménager au colon une subsistance sur son indemnité et la soustraire, en partie, à l'action légale des droits de ses créanciers. Mais cette dérogation au droit commun ne doit avoir lieu que dans des limites raisonnables. Ainsi je conçois qu'on ait ménagé aux colons eux-mêmes, à leurs enfans, à leurs héritiers en ligne directe, une portion de l'indemnité qui leur est allouée ; mais les mêmes motifs n'existent pas pour accorder la même faveur à des collatéraux. Ainsi je crois que les droits du vendeur qui n'a pas touché le prix de l'immeuble, doivent rester entiers à l'égard des héritiers collatéraux : c'est là l'objet de mon amendement qui est fondé sur les principes du droit commun, dont vous n'avez ici aucune raison de vous écarter. »

M. Mestadier :

« Je concevais qu'on pût admettre le principe invoqué par M. Ricard, et qui avait pour effet de rendre le vendeur créancier privilégié ; mais je ne comprends pas comment vous pourriez admettre la distinction que vient de faire M. Bonnet. Le principe qu'il a invoqué en faveur du vendeur contre l'héritier collatéral, est repoussé par de nombreuses exceptions. Pour vous prouver que l'amendement est inadmissible, il me suffira de faire remarquer les résultats qu'il peut offrir dans les deux hypothèses données. Lorsque la succession est échue à la ligne collatérale, le vendeur vient primer les autres créanciers. Lorsque la succession est dévolue en ligne directe, les créanciers ne seraient pas primés par le vendeur. Pourquoi cette différence entre les créanciers, puisque, dans l'un comme dans l'autre cas, il est juste qu'ils soient traités également? »

M. *Bonnet* ajoute à son amendement ces mots : *relatifs à l'objet vendu*, afin d'en rendre la rédaction plus claire, et répond à M. Mestadier en insistant, sur ce qu'il n'y a point à l'égard des héritiers collatéraux, de sentiment d'humanité qui puisse faire déroger au droit commun.

L'amendement de M. Bonnet est mis au voix et rejeté.

3ᵉ AMENDEMENT.

M. de Gères présente un amendement ainsi conçu :

« *Les veuves des colons de Saint-Do-*
» *mingue seront admises à réclamer le*
» *montant de leur dot, sans répétition*
» *d'intérêt, sur l'indemnité allouée aux*
» *héritiers de leurs maris, préférable-*

» *ment à tous créanciers autres que les*
» *vendeurs de fonds.* »

« Messieurs, dit-il, l'amendement que j'ai l'honneur de proposer à la Chambre, a pour objet de réparer une omission qui existe dans le projet de loi ; je ne peux expliquer autrement le silence observé relativement aux droits des veuves des colons, pour la répétition de leur dot sur l'indemnité accordée aux héritiers de leurs maris. Je ne crois pas que l'on ait voulu les assimiler aux créanciers ordinaires, parce que cela serait en contrac-diction avec le droit et la justice. Une veuve, sous toutes les jurisprudences, a toujours été considérée moins comme créancière que comme propriétaire de la portion de biens de son mari, équivalente au montant de la dot qu'elle lui a appor-tée. Cette dot a servi à conserver, à amélio-rer ou à augmenter cette propriété ; aussi acquiert-elle une hypothèque légale, et ne peut-elle être aliénée que par la femme elle-même, et dans certains cas que la loi indique. Puisque l'indemnité accordée aux colons est un remplacement des biens-fonds qu'ils ont perdus, leurs veuves ont des droits incontestables à répéter le montant de leur dot, sur le total de cette indemnité.

« Elles doivent être préférées à des collatéraux, aux enfans d'un premier lit, et même à leurs propres enfans, contre l'ingratitude desquels il faut les garantir.

« Le Gouvernement a déjà reconnu le droit des veuves comme propriétaires, puisqu'elles ont été admises aux secours accordés aux colons seulement, et non à leurs créanciers.

« Elles éprouvent des dommages considérables dans les reprises qu'elles pourraient exercer pour leurs droits matrimoniaux, et les intérêts qui leur sont dus; puisque la bienveillance du Gouvernement a assuré aux colons une indemnité pour les dédommager des pertes énormes qu'ils ont éprouvées, comment ne pas faire participer à ce secours l'épouse infortunée qui, à l'époque désastreuse où la colonie tomba au pouvoir des insurgés,

vit massacrer son mari et ses enfans, in-
cendier sa demeure, et ne dut la vie
qu'au dévouement de quelque serviteur
fidèle. Arrivée dans sa patrie, la pitié
de ses proches ou les secours du Gouver-
ment l'ont alimentée. Faible, souffrante,
et souvent délaissée, elle n'a pas pu,
comme les colons, réparer par son industrie les malheurs qu'elle a éprouvés : pendant que ceux-ci ont retrouvé une existence par leur travail, la veuve pleure
encore les désastres de son pays, en arro-
sant de ses larmes le pain de la charité.

L'amendement de M. de Gères est rejeté.

4ᵉ AMENDEMENT.

M. *Pavy* est appelé à développer son
amendement qui est ainsi conçu :

« *Tous créanciers porteurs, contre les*
» *colons de Saint-Domingue, de titres*
» *antérieurs au premier janvier 1793,*
» *n'auront droit de répétition contre eux*
» *que jusqu'à concurrence du dixième*
» *du montant de cesdits titres de créance*
» *et au moyen de ce paiement, lesdits ti-*

» *tres de créance seront censés intégrale-*
» *ment soldés et acquittés.* »

» Messieurs, dit-il, en examinant les effets de la loi, j'ai reconnu que si nous la
votons telle qu'elle est présentée, elle ne
serait pas, comme elle paraît au premier
coup d'œil, une indemnité aux colons,
mais à leurs créanciers, et la consomma-
tion de l'infortune des colons.

» Toutefois, je ne me suis pas dissimulé
la gravité de cette question qui, je l'a-
voue, paraît blesser le droit de propriété,
mais à laquelle est essentiellement applicable l'axiôme usité en jurisprudence, *sum-
mum jus summa injuria.*

» Et d'abord 32 ans écoulés depuis ce
vaste naufrage, justifient l'accusation d'ex-
cessive rigueur dans l'application du droit
à des infortunés victimes de désastres aussi
inouis.

» Les lois hypothécaires n'accordent la
durée du privilége du créancier que pendant dix ans ; il s'en est écoulé plus de trois
fois autant. Les lois sur la prescription l'ac-

cordent après vingt ans; dans l'espèce elle serait acquise depuis treize ans.

« Au reste, les malheureux échappés au désastre de Saint-Domingue, donnent tout ce qu'ils possédaient, tout ce qui était l'hypothèque et le gage de leurs créanciers; ils renoncent aux secours qu'une parcimonieuse compassion leur a distribués; ils concèdent à leurs créanciers les déplorables restes de l'avoir sous la foi duquel ils ont contracté; tel rigoureux qu'ils puissent être, ils ne peuvent exiger d'avantage. »

L'amendement de M. *Pavy* est rejeté.

5ᵉ AMENDEMENT.

M. de *Sesmaisons* propose l'amandement suivant :

« *Les créances dites de Saint-Domin-*
» *gue, qui ont été désignées par les lois*
» *de sursis, des 19 fructidor an 10, de dé-*
» *cembre 1824 et suivantes, et qui avaient*
» *pour cause des ventes d'habitations, de*
» *maisons et de nègres, ainsi que des*
» *avances faites à la culture antérieure-*

» *ment au premier janvier 1792, seront*
» *éteintes par l'effet de la saisie-arrêt*
» *mentionnée au présent article.*

» *Toutefois la saisie-arrêt s'étendra*
» *dans la même proportion à l'excédant*
» *de la répartition prévu par le dernier*
» *paragraphe de l'article précédent.* »

» **Messieurs**, dit Monsieur le comte de *Sesmaisons*, loin de moi l'idée d'étendre trop le cercle des dettes qui, à mon avis, doivent être liquidées comme je le propose, je parle uniquement des créances de Saint-Domingue. Les créances sont spécialisées dans les lois de sursis, et seules elles sont le but de mon amendement. Il serait souverainement injuste que la seule qualité de colon pût affranchir un particulier de toutes ses dettes quelconques; et certes, tout ce qui n'est pas créance de Saint-Domingue doit rester dans le droit commun, quelle que soit la qualité du débiteur.

L'article 10 du projet de loi, article 9 de la Commission, porte : « *Les créanciers de* » *Saint-Domingue ne pourront former*

» *saisie-arrêt que pour un dixième du*
» *capital de leur créance.* »

» Ici, Messieurs, deux questions se présentent. Est-ce une transaction définitive.
et sans retour entre le débiteur et le créancier? Est-ce seulement une exception au
droit commun, relativement à l'indemnité,
le créancier conservant toujours son droit
d'actionner son débiteur pour tout le surplus qui ne lui aurait pas été payé sur l'intégralité de sa créance?

» La première interprétation me paraît
juste, nécessaire ; elle est conséquence immédiate de l'exposé des motifs. Je dois
donc m'attacher à prouver qu'elle résulte
et de la force des choses et de l'ensemble
de la loi; et en effet, l'article 7 porte
que l'indemnité des colons est fixée au
dixième de leurs propriétés, et dans l'exposé des motifs il est dit que l'ordonnance
du 17 avril a produit sur les droits des colons, l'effet de faire perdre *à la possibilité*
de leur exercice, l'éventualité du réta-
blissement de l'autorité du Roi à Saint-
Domingue. Ce qui signifie évidemment

que le Roi renonçant à son autorité, les colons ne peuvent plus exercer aucun droit, comme propriétaires à Saint-Domingue, qu'ils doivent renoncer à leur propriété ; et qu'à cet égard, tout doit demeurer définitivement terminé au moyen du paiement d'un dividende ; autrement, que signifierait cet autre texte de l'exposé des motifs : « n'est-il pas juste qu'après un » tel naufrage, les victimes d'un mal- » heur commun soient admises à parta- » ger dans la proportion de leurs pertes, » les tristes débris échappés à la tem- » pête ? L'un doit-il être traité comme » si rien n'eût péri, l'autre comme si rien » n'eût été sauvé ? »

» Telle est, Messieurs, la seule manière d'entendre l'article 10. Quelle serait en ef- fet dans l'hypothèse contraire, la condition du malheureux colon, tranquille jusqu'ici dans l'attente d'une loi que l'autorité elle- même avait promise.

L'article 2 de la loi du 2 décembre 1814 dit : « Le Ministre de la marine et » des colonies prendra, auprès des Cham-

» bres de commerce et partout où besoin
» sera, les renseignemens nécessaires sur
» l'étendue et la nature des créances qui
» sont l'objet desdits arrêts et décrets, et re-
» cueillera leur avis sur les moyens les
» plus propres à concilier les intérêts des
» colons et de leurs créanciers.

Art. 3. « Ces renseignemens et avis se-
» ront joints au projet de loi qui sera pro-
» posé.

» Il y avait donc projet de transaction,
transaction jugée indispensable par le
souverain fondateur de la Charte.

» On devrait chercher un moyen de
concilier les intérêts des colons et de leurs
créanciers. Or, Messieurs, quels moyens
peuvent exister sans sortir du droit commun? Il faut en sortir pour arriver à la
justice, qui perdrait son nom si elle avait
les inévitables résultats de l'hypothèse
que je combats.

« Le créancier, les yeux fixés toujours
sur son débiteur, le suivra sortant du trésor où il aura touché son dixième; et si

l'infortuné voulait acheter une chaumière
où terminer sa vie, commencée dans l'o-
pulence, continuée dans la misère, et
qui, malgré les secours actuels, finira dans
la pauvreté, cette chaumière deviendrait
la propriété légale du créancier; on vien-
drait arracher au malheureux *ces tristes
débris échappés à la tempête :* sa condition deviendrait pire qu'auparavant.

» Il ne faut jamais perdre de vue que
la position actuelle ne saurait être soumise à des règles qui ne sont faites en
général que pour des temps et des circonstances ordinaires.

» La généralité des biens d'un débiteur
est affectée, me dira-t-on, à l'exécution de
ses engagemens. Cette règle, Messieurs,
est-elle applicable à la question actuelle?
Voyons si son application serait suppor-
table.

» Un homme aurait acheté en 1788,
par exemple, une habitation valant un
million. Il avait payé 900,000 fr. Il rede-
vait 100,000 fr.

» Par suite des dispositions du projet

de loi, il va toucher aujourd'hui 100,000 f.

» Mais il est débiteur de
100,000 fr., restant du prix, ci. 100,000 f.

» Plus les intérêts cumulés
depuis trente-cinq ans, ci.... 175,000

» Total de la dette et des
intérêts................ .... 275,000 f.

» Suivant la loi, le créancier saisira
d'abord le dixième des premiers 100,000 f.
touchés; mais il aura recours sur le paiement; du reste dès qu'il lui sera prouvé
qu'il est fait, il aura droit de l'exercer
toujours jusqu'au solde des 265,000 fr.
qui resteront; et, supposant que le colon
fasse la seule chose à faire, qu'il aban-
donne son indemnité, il redevra encore
175,000 fr., dont tout son avenir répon-
dra, et il aura perdu un million de propriété, et on lui dira qu'il a reçu une indemnité de ses pertes! Cette idée, Messieurs, est insupportable; elle offense toute
raison, toute justice.

» Répétons-le, Messieurs, pour tran-
quilliser les consciences. Toutes dettes contractées dans la colonie pour le fait d'amé-

lioration de culture ou de ventes d'habitations, doivent être réduites dans les proportions que l'on établit pour l'indemnité à accorder aux propriétés.

» Quant aux dettes qui ont été contractées par les colons, soit en France, soit ailleurs, pour quelque autre motif que ce soit, elles restent entières dans le droit commun. Le paiement intégral ou la transaction volontaire pourront seuls les affranchir. »

M. Bonnet.

« L'amendement présenté à la Chambre porte en substance, que les créanciers qui auront saisi une partie de l'indemnité accordée aux colons verront leurs créances entièrement éteintes. Il y a dans cet amendement important deux parties distinctes : celle par laquelle l'amendement éteint la dette des créanciers qui auront fait opposition, de telle façon que le créancier ne pourra plus s'adresser à aucun des biens de son débiteur; la seconde partie a pour objet de protéger dans les mains des colons la portion d'indemnité qui leur apartiendra, prélèvement fait de ce qui aura été attribué aux créanciers.

» Dans la première partie, l'amendement est contraire à tous les principes; il est subversif de tout droit, et par conséquent inadmissible. Messieurs, nous n'avons pas le droit d'éteindre des créances à propos d'une question d'indemnité; la chose serait injuste en elle-même, et il est impossible de traiter une pareille question à propos de celle qui vous est soumise. Je dis que la chose serait souverainement injuste; car, comment imaginer qu'un droit que le créancier a aujourd'hui, qu'il avait hier, qu'il avait avant qu'il fût question de la loi, serait éteint au sujet d'une loi qui accorde aux colons une portion nouvelle de gages et de biens? Comment est-il possible que vous éteigniez les actions qu'il possédait hier sur autre chose que sur l'indemnité? car, dans l'état actuel des choses, tous les biens des colons sont soumis dans leur intégralité à l'action de leurs débiteurs; car, ainsi que vous le disait M. le Rapporteur, celui qui doit, doit payer, et son créancier a action contre lui pour le faire payer jusqu'à l'extinction de la dette.

» Dans le cours de cette discussion, vous avez pensé que l'on pouvait distraire une partie de l'indemnité pour la mettre dans les mains des créanciers des colons; vous avez pensé que, puisque vous ne donnez aux colons que le dixième de la valeur de leur propriété, il fallait restreindre les créanciers au dixième de leur créance. Cela est sévère; vous avez traité les créanciers contre le droit commun; mais, comme vous statuyez sur l'indemnité, vous n'êtes pas sortis du cercle de la délibération.

» Statuez sur l'indemnité; partagez-là, fort bien; mais, introduire par amendement une loi d'extinction des dettes, ce serait le comble de l'injustice, ce serait la subversion de tous les principes.

» Toutefois, si nous examinons quelle peut avoir été l'intention de l'auteur de l'amendement, nous voyons qu'il s'est proposé de suivre et de protéger l'indemnité dans les mains du colon, afin de rendre cette indemnité inaccessible à l'action des créanciers; mais le moyen est encore à chercher, car il n'est pas dans l'amendement de M. de Sesmaisons. Le but qu'il s'est proposé paraît équitable; il est dans l'intention de la loi, qui réduit les créanciers à ne faire des saisies-arrêts que pour le dixième de leurs créances. Mais, quand ce dixième sera payé, de deux choses l'une, où le dixième aura absorbé toute l'indemnité, où il n'aura pas tout absorbé. Si chaque créancier étant payé de son dixième, il reste au colon la moitié ou les trois quarts de l'indemnité; d'après la loi cette portion-là sera bien acquise. Mais si le lendemain du jour où le créancier aura reçu son dixième, il peut venir encore poursuivre la portion restante de l'indemnité, il est certain que le but de la loi ne sera pas rempli. »

M. Fleuriau de Bellevue propose d'ajouter à l'amendement de *M. de Sesmaisons* la disposition suivante :

« *Ceux desdits créanciers qui n'auraient* » *pas fait de saisie-arrêt dans les délais* » *prescrits par l'article 4 pour les récla-*

» mations, seront déchus de leurs droits
en capital et intérêts pour lesdites créances antérieures au 1er janvier 1792. »

« Messieurs, dit l'honorable membre,
vous avez vu qu'il résulte du silence que
garde l'article 10 du projet, à l'égard des
droits ultérieurs des créanciers que, d'a-
près nos lois, toute action leur paraît conservée pour l'excédant de leur créance,
ainsi que pour les intérêts, et, qu'en conséquence, ils pourraient, en outre, poursuivre les colons pour des sommes énormes, tant sur ce qu'ils possèdent maintenant que sur ce qu'ils pourront posséder
un jour.

» Pour éviter à ces derniers ce comble
du malheur, pour maintenir autant qu'il
se pourra un juste équilibre entre le sort
des anciens créanciers et celui des débiteurs, notre collègue vous propose d'ajouter à cet article son amendement.

» Messieurs, une force majeure, une
affreuse catastrophe ont anéanti les propriétés de Saint-Domingue; elles ont rom-

13*

pu, en quelque sorte, les liens réciproques du débiteur et du créancier. Le pacte social sous l'empire duquel les engagemens ont été contractés a été déchiré ; il serait donc fort injuste de vouloir les soumettre à notre droit commun, à des lois qui ont cessé de protéger le pays.

» Ce n'est donc pas comme juges, mais uniquement comme arbitres et législateurs ; c'est suivant l'équité seule qu'il nous appartient de prononcer.

» Or, comme arbitres, nous pensons que tout doit se réduire à un simple réglement d'avaries. Le naufrage ayant été général, tout privilége a dû cesser, tous les intéressés doivent participer à la perte commune ; et, par le fait, les créanciers de Saint-Domingue étant de véritables intéressés dans la colonie, doivent supporter une part proportionnelle du dommage.

» Les créances dites de Saint-Domingue, antérieures au 1er janvier 1792, étaient des dettes spéciales et distinctes, elles ont été définies et reconnues telles par les diffé-

rentes lois de sursis, et, par conséquent,
mises dans un cas d'exception au droit
commun.

» La colonie de Saint-Domingue était
soumise à un grand nombre de lois d'exception. L'esclavage, la traite des nègres ;
point de saisie réelle ; le nègre réputé
tantôt mobilier et tantôt immobilier ; fi-
nalement, une administration et une législation totalement différentes de celles de
la métropole : tant d'institutions opposées
ne permettent pas d'appliquer les mêmes
règles aux engagemens pris dans les deux
pays.

» Lorsqu'une ordonnance a pu disposer
des propriétés des colons, une loi ne doit-
elle pas aussi fixer les droits de leurs
créanciers ? N'est-il pas juste qu'elle ré-
duise les créances qui avaient pour cause
la propriété, dans la même proportion
qu'elle réduit pour jamais cette propriété?
Cette dernière n'est-elle pas tout aussi
sacrée ? Pourquoi, dès que l'exposé du
projet de loi émet ce principe, le projet
lui-même laisse-t-il aux créanciers de

Saint-Domingue une action ouverte tant
pour les neuf dixièmes de leur créance que
pour les intérêts de trente-quatre ans, sur
la totalité des biens présens et à venir du
débiteur?

» Ce n'est pas ainsi que nous avons agi
pour l'indemnité des émigrés. Par ce
grand acte de réparation nationale, le
législateur a eu l'intention de rembourser
intégralement la valeur du capital dont
les émigrés avaient été injustement spo-
liés.

» Ils ont été dispensés de payer des intérêts à leurs créanciers.

» Ils ont été autorisés à les rembourser
dans les valeurs nominales qu'ils rece-
vaient eux-mêmes.

» Quant au colon, il est d'autant plus
fondé à demander au Gouvernement de
traiter son ancien créancier comme il est
traité lui-même, que tous ses malheurs
viennent de la métropole, qu'il perd
maintenant jusqu'à ses droits éventifs, et
qu'il ne reçoit qu'une très-modique indemnité.

» On nous a objecté que le législateur
peut bien déclarer insaisissables quelques
parties de l'actif d'un débiteur, mais que
son droit ne saurait aller jusqu'à prononcer l'extinction du capital d'une dette qui
n'aurait été payée qu'en partie: cette opinion serait sans doute fondée, s'il s'agissait d'un juge qui aurait à prononcer sur
cette matière; mais il en est tout autrement
du législateur. Armé d'un pouvoir plus
étendu, il peut assurément prononcer
cette extinction, s'il la croit juste et conforme à l'intérêt général; au surplus, il
ne s'agit point d'extinction forcée dans
l'amendement qui vous est proposé.

» En effet, le Roi, dans sa bonté, a
sauvé, pour l'intérêt des colons, une somme
qui ne représente qu'une très-petite partie de leurs propriétés; cette somme a été
nominativement demandée pour eux seuls:
cependant elle est considérablement inférieure aux dettes de la plupart d'entre eux.
Comment le Roi, le législateur, ne pourrait-il pas, en la distribuant, mettre pour
condition que l'ancien créancier qui vou-

dra en saisir jusqu'à concurrence du dixième du capital de sa créance, et qui recevra
le paiement de ce dixième, sera obligé de
renoncer, par cet acte, à toute prétention
ultérieure pour les neuf autres dixièmes et
pour les intérêts?

» C'est là, Messieurs, à quoi se réduit
l'amendement de notre collègue M. de
Sesmaisons : ce n'est point l'abolition
forcée d'une dette qu'il vous propose ; il
laisse l'option au créancier ou de conserver
ses droits actuels sur tous les biens présens et à venir, en ne faisant point de
saisie - arrêt sur l'indemnité, ou de renoncer à ces mêmes droits en recevant, sur
cette indemnité, le dixième du capital de
sa créance.

» L'ancien créancier reste donc libre
dans son choix. Cette condition lui est
sans doute moins favorable que celle du
projet de loi ; mais elle est certainement
dans la même catégorie, elle n'est qu'une
conséquence du même principe. Ce n'est
pas une loi dans une loi, comme on l'a
prétendu , c'est une simple extension aux

avantages proposés par la loi en faveur des colons, et qui est légitimement motivée sur l'énormité des anciennes dettes qui pèsent sur eux. Selon moi ce n'est pas encore tout ce qui devrait leur être accordé; mais du moins ne peut-on pas dire que ce médiocre avantage ne soit pas très-licite, et ne soit pas commandé par la nécessité.

» Tout se réduit ici à donner un moyen de plus au débiteur de traiter avec son créancier, sans priver ce dernier des droits qu'il peut exercer maintenant sur les biens présens et à venir du débiteur.

» Au surplus, nous n'entendons pas borner les droits des anciens créanciers qui feront la saisie-arrêt, uniquement au dixième de leur capital ; nous demandons, par l'amendement que je défends, qu'ils suivent le sort le plus avantageux qu'obtiendra le propriétaire. Vous avez dû remarquer, Messieurs, que le second paragraphe de cet amendement leur conserve une part proportionnelle dans l'excédant que pourront présenter les derniers cinquièmes de l'indemnité. Il est donc probable qu'ils recevront un peu plus que ce dixième.

» Enfin, si, par malheur, ce dixième du capital des créances excède le montant de l'indemnité, comme il est juste, dans tous les cas, que les créanciers obtiennent au moins cette quotité, il est bien entendu que, pour ce surplus qui leur manquerait, leurs droits resteront les mêmes sur les biens présens et à venir du débiteur. »

M. Gautier:

» L'abolition des dettes est, après la loi agraire, l'attentat le plus grave et le plus arbitraire au droit de propriété, la violation la plus manifeste et la plus dangereuse de la foi publique.

» Voulez-vous rendre l'indemnité insaisissable ? Vous en êtes les maîtres, si vous le croyez juste, car c'est sur l'indemnité que vous êtes consultés, et vous pouvez annuler comme restreindre le droit des créanciers sur l'indemnité. Mais attirer dans la loi l'ensemble du droit des créanciers qui n'y a aucun rapport ; mais atté-

nuer, anéantir même ce droit des créanciers qui existait incontesté avant que la
loi vous fût présentée, avant que l'indemnité ne fût obtenue, c'est prendre l'initia-
tive, c'est empiéter sur la prérogative
royale, c'est sortir du cercle de vos droits
et en sortir pour commettre, je le répète,
une violation monstrueuse d'un droit sa-
cré, celui de la propriété. »

L'amendement de M. de Sesmaisons est
rejeté.

6ᵉ AMENDEMENT.

M. de Frenilly propose un amendement ainsi conçu :

   « *Le montant net de l'indemnité qui*
» *reviendra aux colons, soit que les*
» *créanciers aient ou non exercé l'ac-*
» *tion qui leur est ouverte par le présent*
» *article, demeurera affranchi de toute*
» *répétition de leur part, quelques mu-*
» *tations que le fonds de cette indemnité*
» *puisse éprouver par la suite, à la*
» *charge, par l'indemnisé, de justifier,*

» *lors de ces mutations , de l'origine*
» *des sommes qu'il y emploie.* »

« Le motif , dit *M. de Frenilly*, qui
a déterminé la Chambre à repousser l'a-
mendement de M. de Sesmaisons ne s'applique pas au mien. Je restreins ma proposition dans des limites plus étroites.
Je conviens que vous ne devez pas sortir
du cercle tracé par le projet de loi , et qui
a pour objet la répartition des 150 millions de l'indemnité , et la détermination
du droit que peuvent avoir sur cette indemnité les créanciers des colons. Ainsi ,
je dis aux créanciers : quand vous aurez
fait votre saisie-arrêt, et touché votre
dixième , vous n'aurez plus aucun moyen
de venir faire des saisies pour vous empa-
rer de la portion que la loi réserve aux
colons. La loi de répartition de l'indemnité fait deux parts : elle donne au colon la dixième partie de la valeur des biens,
et au créancier le dixième de sa créance.
Mais il ne faut pas qu'après avoir touché
le dixième de sa créance , il puisse avoir

les moyens de saisir ce qui est resté net au colon sur l'indemnité.

» L'article que nous discutons ne me paraît pas conçu dans des termes assez précis pour remplir ce but. L'objet de mon amendement est de mettre à l'abri de toute répétition ultérieure ce qui restera, aux colons, de l'indemnité.

» D'un autre côté, pour empêcher que le colon ne profite de cette disposition pour se soustraire aux droits du créancier, j'impose à l'indemnisé l'obligation de justifier, lors de ces mutations, de l'origine des sommes qu'il emploie »

M. Sébastiani :

« Vous ne devez, Messieurs, déroger aucunement au droit commun pour les actions qui seraient relatives aux biens possédés en France. »

M. Mestadier :

« J'ai été frappé de la justice et de la sagesse de l'amendement de M. de Frenilly : cependant, plusieurs de ses dispositions me paraissent présenter des inconvéniens. Ainsi, je demanderai la suppression de cette phrase incidente : « *soit que les créanciers aient, ou non, exercé l'action qui leur est ouverte par le présent article.* » Si vous laissiez subsister cette disposition, il en résulterait que les créanciers qui ne feraient pas de saisie ne recevraient rien de l'indemnité ; cependant vous avez reconnu que le créancier qui ne veut pas faire de saisie, qui préfère courir les chances de son débiteur, reste avec tous ses droits. Vous avez consacré ce principe dans la loi de l'indemnité des émigrés et dans celle que nous discutons.

» La dernière partie de l'amendement de *M. de Frenilly*, me paraît aussi devoir être modifiée ; car s'il restait tel qu'il est proposé, il en résulterait perpétuellement, et jusqu'à la fin des siècles, que les fonds achetés avec le produit de l'indemnité, seraient des fonds privilégiés en France. Il ne doit pas entrer dans votre intention d'établir un semblable privilége.

» Je n'ai pas eu le temps de rédiger l'amendement dégagé des deux inconvéniens que je viens de faire remarquer. La

Chambre jugera , sans doute , convenable de renvoyer à la Commission la rédaction de cet amendement. »

M. Pardessus :

« Examinons l'amendement de M. *de Frenilly* , tel qu'il a été sous-amandé par *M. Mestadier.* Quel sera le résultat de cet amendement ? Je sais que , dans l'intention qui a présidé à sa rédaction , on a voulu que le créancier qui a exercé , sur le fonds de l'indemnité , son droit jusqu'à concurrence du dixième , ne puisse plus saisir entre les mains du colon , les neuf dixièmes restant de l'indemnité. Mais a-t-on bien songé aux fraudes que le colon pourrait commettre au détriment de son créancier , qui conserve ses droits sur les autres biens? Qui empêchera le colon de soustraire aux droits de ses créanciers , les autres biens qu'il peut avoir? Je suppose qu'il revienne au colon 100,000 fr. de son indemnité après avoir payé le dixième de ses dettes. Il achète une propriété de 200,000 fr. , et , dans le contrat d'acquisition , il ne porte que 100,000 fr.

14*

Il représentera cette propriété comme ayant été acquise entièrement avec le produit de son indemnité. Et cependant, elle, vaudra 100,000 fr. de plus, provenant de la vente d'autres biens sur lesquels les créanciers auraient pu exercer leurs droits.

» Ce n'est pas tout, ce bien restera insaisissable malgré les mutations qu'il aura pu subir. Autre inconvénient, faudra-t-il faire ici une distinction? Ce bien ne sera-t-il insaisissable qu'à l'égard des créanciers qui ont eu le droit de former saisie-arrêt sur l'indemnité, et ne le sera-t-il pas à l'égard des autres créanciers futurs ? Ainsi, voilà un bien qui va être saisissable pour les uns, et insaisissable pour les autres. Mais, poursuivons les conséquences du principe de l'amendement. Le colon peut avoir des ressources qu'il a dissimulées à ses créanciers. Eh bien ! il emploiera ces ressources à améliorer ce fonds qui est insaisissable ; il peut donner à ce fonds, par suite des améliorations dont il est susceptible, une valeur beaucoup plus considérable que celle qu'il avait d'abord ; et comme l'accessoire suit la condition du principal, ce bien, avec toutes les améliorations, restera insaisissable, et dans sa personne et dans celle de ses héritiers.

» Il y a plus ; si vous voulez être conséquens avec le principe que vous avez posé, il faut aussi déclarer insaisissables les fruits provenant de ce bien. Pourra-t-il employer ces fruits à acheter d'autres biens aussi insaisissables ? Messieurs, d'après nos lois, on ne peut rendre insaisissable sa propre fortune. Vous n'introduirez pas dans la loi que nous discutons un principe qui serait la source des abus que je viens d'indiquer. Je sais qu'à ces hypothèses qui révoltent au premier coup-d'œil, on peut en opposer d'autres contre lesquelles la raison réclame également. Ainsi, on vous dira que le colon qui a touché en billets de banque la somme qui lui revient de son indemnité, sur laquelle son créancier a prélevé le dixième de sa créance, peut être saisi par un huissier qui se trouvera à la porte. C'est-là un

inconvénient attaché à la nature des choses ; mais les tribunaux seront juges de la
validité de cette saisie ; ils n'appliqueront
pas la loi dans ce se sens judaïque que lui
donnerait une exécution contraire à l'esprit dans lequel elle a été conçue. Il n'y
a pas de doute que les tribunaux ne dé-
clarent nulle une telle saisie. C'est donc
aux tribunaux qu'il faut laisser la solution
de toutes les difficultés. »

M. Mestadier propose de rédiger ainsi
l'amendement de M. de Frenilly :

« Les immeubles achetés par des
» colons, avec déclaration d'emploi
» des fonds provenant de l'indemnité,
» dans l'année du paiement de ladite in-
» demnité, seront affranchis de toutes
» poursuites de la part des créanciers
» saisissant sur les débiteurs primitifs et
» les héritiers. »

« Vous voyez, dit l'honorable membre,
que ma rédaction a pour but de remplir
l'intention du projet de loi, de n'attribuer au créancier qu'un dixième de sa
créance sur l'indemnité, et d'empêcher

qu'il ne puisse saisir les neuf dixièmes res-
tans. Je ne suis pas frappé de l'objection
que M. le Rapporteur a tirée de la fraude
possible de la part du colon. En supposant
qu'un colon ait reçu 100,000 fr. d'indemnité, si le lendemain il emploie cette
somme à payer des dettes autres que celles
provenant de Saint-Domingue, et que,
dans l'année, il fasse l'acquisition d'un
immeuble de 100,000 fr., n'est-ce pas toujours le montant de l'indemnité que cet
immeuble représente; et n'est-il pas juste
de le rendre insaisissable? J'ai restreint
ma proposition aux immeubles, parce que
les meubles peuvent être saisis partout où
ils se trouvent. »

M. le Ministre des finances :

« Quel avantage attend-on de la disposition qui borne au dixième la saisie-
arrêt sur le gage des colons? C'est d'amener à des transactions entre eux, les colons,
et leurs créanciers. On a voulu les mettre
dans une situation où ils puissent transi-
ger, conformément aux règles de l'équité,
de manière que l'un ne fût pas entière-

ment à la discrétion de l'autre; qu'ils puissent discuter leurs droits avec des armes
égales. On conçoit qu'il est possible d'espérer des transactions de ces deux situations.

» Mais vouloir faire par la loi ces transactions, vouloir ramener les colons et les
créanciers à des transactions-forcées, c'est
introduire dans la loi un principe souverainement injuste, c'est ouvrir une source
à des contestations qui offriront le specta-
cle affligeant d'un riche qui repousse avec
toute la rigueur de la loi la pauvreté avec
son bon droit. »

M. de Frenilly :
Je demande le renvoi à la Commission,
de mon amendement et du sous-amendement de *M. Mestadier.*»

Ce renvoi est prononcé, ainsi que celui
d'un amendement présenté par *M. Pavy,*
et conçu en ces termes :

« *Tout colon qui, abandonnant le bé-*
» *néfice de la présente loi, consentira au*
» *délaissement de la totalité de la portion*
» *de l'indemnité à lui afférente, à ses*

» *créanciers porteurs de titres antérieurs*
» *à 1792. sera quitte et valablement li-*
» *béré envers eux, sauf aux créanciers*
» *à se la partager conformément aux*
» *lois.* »

M. Pardessus, rapporteur de la Commission, examine les trois systèmes qui résultent de la discussion sur l'article 10 du projet :

1°. Déclarer l'indemnité totalement insaisissable;

1°. Laisser aux créanciers la faculté de la saisir en totalité, ce qui est de droit commun;

3°. Admettre la saisie-arrêt dans une proportion égale entre le capital de la créance et l'objet perdu par le débiteur.

Il reproduit les motifs favorables à cette dernière opinion, et propose, au nom de la Commission, le rejet des trois amendemens renvoyés à la Commission.

M. de Vaublanc combat l'opinion de la Commission, et pense avec *M. Humann* qu'il est contraire à la dignité de la loi de donner et de retenir à la fois.

M. Mestadier retire son amendement.

Celui de *M. Pavy* est rejeté ; *M. de Frenilly* retire le sien.

7e AMENDEMENT.

M. Boscal de Réals propose un amendement qui change en entier la disposition de l'article 9 ; il est ainsi conçu :

» *Les créanciers d'un colon n'ayant*
» *aucunes propriétés foncières, au mo-*
» *ment de la promulgation de la présente*
» *loi, n'auront droit, ponr toute créance*
» *contractée antérieurement au 1er jan-*
» *vier 1792, en capitaux et intérêts qu'au*
» *dixième du capital accordé par la pré-*
» *sente loi à leurs débiteurs.* »

Cet amendement est rejeté.

MM. Du Hamel et *de Frenilly* proposent d'ajouter dans l'article 9, après le mot *prix*, ceux-ci : *ou une portion du prix.*

M. Fleuriau de Bellevue propose de répéter le mot *capital* dans le second paragraphe, et de terminer ainsi ce paragraphe : *du dixième du capital de sa créance.*

Ces additions sont adoptées.

M. Hyde de Neuville :

» Il n'est en aucune manière question

dans l'article 10 du projet, des créanciers qui ont vendu leur habitation en rente viagère. *M. Pardessus* nous a dit que les tribunaux pouvaient décider la question : un magistrat que je viens de consulter m'a dit le contraire. Il me semble qu'il serait bon de s'entendre sur ce point, et de ne pas abandonner ainsi une classe intéressante. Je sais que dans le droit commun un créancier viager a le droit de demander en tout temps le paiement de sa créance; mais aura-t-il, dans le système du projet de loi, le droit de demander vingt ou trente années d'arrérages qui lui sont dus ? Le projet de loi ne permet de former saisie-arrêt que pour le capital, et non pour les intérêts. Il me semble qu'entre deux magistrats partagés d'avis, je n'ai rien de mieux à faire que de demander une explication à M. le Rapporteur. »

M. Pardessus :

« *M. Hyde de Neuville* désire qu'on prévoie le cas, très-rare assurément, où une habitation a été vendue à rente viagère. Demande-t-il quels droits aura le vendeur sur l'indemnité revenant à l'acquéreur pour le service ultérieur de sa rente ? D'après l'article proposé, il aurait droit au dixième de sa créance ; c'est-à-dire, qu'il aura droit d'exiger que sur l'indemnité il soit prélevé et placé une somme suffisante pour que l'intérêt soit le dixième de la rente qui lui est due. Ce cas n'est point nouveau , et c'est ainsi qu'on opère dans les distributions ou ordres auxquels se présentent des créanciers de rentes viagères.

» Demande-t-on aussi ce qui arrivera pour les arrérages échus avant la loi dont nous nous occupons ? Mon opinion est qu'encore bien qu'en eux-mêmes les arrérages d'une rente viagère se composent , et d'une partie du capital , et des fruits de la chose ; cependant, d'après le Code Civil , car autrefois la question était controversée , ils ne sont que des arrérages , et on ne fait point de distinction entre ces sortes d'arrérages et ceux d'une rente perpétuelle.

» Je ne prétends pas que mon opinion soit la meilleure, et que les tribunaux, après avoir examiné et étudié les lois, ne puissent pas juger différemment. Mais c'est à eux à prononcer, parce que la question qu'on élève ne se rattache pas exclusivement à l'indemnité qui nous occupe. Elle peut s'élever à l'occasion de l'indemnité des émigrés qui avaient aussi des dettes de rentes viagères. Elle peut s'élever dans une faillite, lorsqu'un failli doit des rentes viagères, ce qui est fréquent.

» Or, ce qu'on a jugé ou ce qu'on jugerait dans ces cas, on le jugerait relativement au créancier à rente viagère d'un colon. C'est donc une question de législation générale, qui ne peut être résolue pour un cas spécial. Jusqu'à présent les tribunaux n'ont signalé aucune difficulté, aucun embarras relativement aux questions tout-à-fait semblables, qui ont dû naturellement se présenter dans les cas que j'ai indiqués.

» Une disposition spéciale n'est donc pas nécessaire. »

M. Bonnet :

« L'idée d'une rente viagère emporte avec elle celle de la réunion de l'intérêt et du capital ; chaque rentier reçoit une partie de son capital en recevant sa rente. Les arrérages des rentes viagères sont un capital morcelé. Eh bien ! comment déterminerez-vous ce capital ? Je demande que de toutes les années des rentes viagères échues, on en fasse un capital dont le dixième sera pris sur l'indemnité, et que, pour les années futures, le créancier viager reçoive jusqu'à son décès le dixième de la rente. »

M. le Garde-des-Sceaux :

« La disposition de la loi que vous discutez embrasse les droits des créanciers de toute nature. D'après cette disposition, les créanciers n'auront de recours à exercer sur l'indemnité que jusqu'à concurrence de la dixième partie de leur capital. Dans cet état de choses, on vient dire : voici une sorte de créanciers (les créanciers de rentes viagères vivant encore) pour le sort desquels vous n'avez rien fixé, et auxquels ne s'appliquera pas exactement la disposition du projet de loi. Et moi je réponds : on se trompe. Le projet de loi pourvoira à tout. Le projet de loi ne s'arrête qu'au capital des créances, et limite l'action des créanciers relativement à ce capital. S'il existe dans le droit commun des dispositions qui règlent ce qui, dans la rente viagère, doit être considéré comme capital, il sera facile de faire la part des créanciers viagers en leur appliquant le paragraphe premier de cet article.

» Or, Messieurs, ces dispositions existent. Il y a deux parties dans la créance d'un rentier viager qui vit encore : les arrérages déjà échus et les arrérages à venir. A l'égard de ceux-ci, le créancier de rente viagère a le droit d'exiger qu'on prenne les précautions autorisées par les lois communes pour conserver cette portion de la rente dont le projet actuel assure la jouissance. Il a droit à la conservation du dixième du capital productif de la rente viagère, à l'effet d'obtenir jusqu'à son décès le paiement annuel de la dixième partie de la rente. Il sera donc facile de lui appliquer la disposition du projet de loi. Mais ce n'est pas là que réside la difficulté qui a frappé quelques esprits : elle se trouve plutôt dans la partie des arrérages échus à l'époque de la promulgation de la loi, et à cet égard j'ai à vous soumettre une explication très-simple.

» Je suppose qu'il y ait vingt années que le créancier de rentes viagères n'ait reçu d'arrérages. Dans la situation ordinaire, ces vingt années lui seraient encore dues, si toutefois la prescription n'avait pas éteint ce droit. Il faudra prélever une somme égale à la moitié des arrérages échus, à titre de capital, et l'autre moitié à titre d'intérêts, parce qu'il est de principe, en droit civil, que, dans les arrérages de rentes viagères, une moitié seulement est représentative des fruits civils, et l'autre moitié représentative d'une portion du capital. Le créancier à qui vingt années d'arrérages seraient dues, se présentera à la liquidation, et dira : vingt années d'arrérages me sont dus ; mais la moitié est perdue pour moi, aux termes de la loi, parce que cette moitié est représentative des intérêts; mais l'autre moitié, comme représentative du capital, est conservée; j'ai donc le droit de demander la dixième partie de cette moitié de mes arrérages, en vertu du premier alinéa de l'article 10 de la loi. (Aujourd'hui l'article 9.)

» Tels sont, Messieurs, les principes du droit commun. Vous penserez avec moi qu'il n'y a rien à ajouter aux dispositions de l'article pour régler le sort de ces créanciers, puisqu'il se trouve fixé, ainsi que celui de tous les autres, d'une manière équitable. »

L'article est mis aux voix et adopté.

CHAMBRE DES PAIRS.

RAPPORT.

M. le baron Mounier :

« Tout ce que pouvait faire la loi, pour les colons, était de tempérer en leur faveur la rigueur des règles de la saisie-arrêt. La saisie-arrêt est une faculté que la loi accorde aux créanciers : elle peut, quand elle le juge à propos, en modifier, en restreindre l'application. Il nous paraîtrait seulement convenable, dans l'espoir que vous adopterez l'article additionnel que nous vous avons présenté, d'insérer dans le premier paragraphe de l'article 9, au lieu de *créanciers des colons*, l'indication plus générale de *créanciers, quels qu'ils soient, des colons*, afin qu'on ne vînt pas à prétendre que la restriction décrétée à l'égard de la saisie-arrêt, ne s'appliquerait qu'aux créances antérieures à 1792, atteintes par la réduction proportionnelle.

» Le deuxième paragraphe a pour objet d'établir qu'en cas de concurrence entre plusieurs créanciers, celui à qui est dû le prix du fonds qui donnera lieu à l'indemnité, sera payé, avant tous autres, du dixième du capital de sa créance.

» La Commission préparatoire avait proposé d'accorder aux vendeurs des droits particuliers. Cette disposition n'est pas nécessaire, l'indemnité est fixée au dixième de la valeur de la propriété. Les créances étant prélevées dans la même proportion, les droits du vendeur sont garantis. Supposons, en effet, qu'un colon ait vendu son habitation pour un million, et que l'acquéreur n'ait rien payé. Cet acquéreur réclamera 100,000 fr., le vendeur mettra opposition pour le dixième de sa créance, c'est-à-dire 100,000 fr.; il recevra donc l'indemnité tout entière, et cela est juste, puisque, tant que l'immeuble n'a pas été payé, le vendeur en est bien plus réellement propriétaire que l'acquéreur qui ne s'est point libéré; mais on pouvait craindre que plusieurs créanciers, s'empressant d'user en même-temps du droit d'opposition, le vendeur n'eût plus d'action sur l'indemnité. Le projet de loi lui assure une préférence dont vous apprécierez, d'après les motifs que nous venons d'exposer, l'équitable convenance.

» Un troisième paragraphe détermine que les créanciers qui auront formé saisie-arrêt sur l'indemnité, seront payés aux mêmes termes que le colon : c'est une suite naturelle du principe adopté.

DISCUSSION.

M. le comte de Saint-Priest propose un amendement ainsi conçu:

« *Les créances dites de Saint-Domin-*
» *gue, antérieures au 1ᵉʳ janvier 1792,*
» *et ayant pour cause des dons, legs,*
» *ventes d'habitations, de maisons, de*
» *nègres ou des avances faites pour la*
» *culture, seront éteintes, tant pour les*
» *intérêts que pour le capital, par l'effet*
» *de la saisie-arrêt ci-dessus mention-*
» *née.* »

« Messieurs, dit l'honorable Pair, on l'a dit avec raison, l'indemnité stipulée en faveur des colons, n'est autre chose qu'un débris sauvé du naufrage ; c'est à la sollicitude paternelle du Roi qu'est dû tout entier le dédommagement quelconque d'une perte long-temps regardée comme absolue. C'est au prix de son droit de souveraineté que le Roi l'a acquis, et le Roi peut, à ce titre, imposer à la répartition de son bienfait telles conditions qu'il juge convenables. L'amendement soumis à la Chambre repose sur ce principe. Il appelle les créanciers à prendre part à l'indemnité, mais en exigeant d'eux en revanche des concessions que l'humanité réclame, et dont un grand nombre d'entre eux paraissent déjà vouloir donner l'honorable exemple. C'est du reste une invitation que la loi leur adresse, non un ordre qu'elle leur intime ; et en renonçant à partager l'indemnité, ils seront maîtres de conserver leurs droits. »

M. le duc Decazes :

« Dans la morale facile de la société, l'on accorde en géneral une grande faveur à l'infortune de celui qui doit ; mais la sévérité de la morale publique réclame au contraire tout l'intérêt du législateur pour celui qui a prêté et auquel il est dû. Le colon, dans le système de la loi, aura, dit-on, à payer plus qu'il ne recevra, c'est qu'alors il devait plus qu'il n'avait ; mais le créancier dans le système de l'amendement, verra s'évanouir une créance, assise cependant sur un gage qui semblait la mettre à l'abri de toute atteinte. Ce n'est pas tout : la réduction proposée ne s'applique qu'aux créances antérieures à 1792 ; mais c'est précisément à celles-là que les propriétés de Saint-Domingue, et l'indemnité qui les représente ,semblaient uniquement affectées. Pourquoi réduire les droits de cette classe de créanciers , tandis qu'on laisse subsister intacts ceux des créanciers postérieurs qui n'avaient pu compter en aucune façon sur la nouvelle garantie qu'offre l'indemnité? En distinguant ainsi, ce n'est pas au colon que l'on sacrifie les créanciers anciens, mais à d'autres créanciers moins favorables qu'eux. »

Après avoir entendu plusieurs orateurs pour et contre. L'amendement est mis aux voix et rejeté.

M. de Saint Priest propose un second amendement ainsi conçu :

« *Toute action pour le paiement d'in-*
» *téréts échus, jusqu'au jour où a cessé*

» *l'effet des sursis accordés par les lois,*
» *est interdite aux créanciers.*

» *Néanmoins, tous actes ou transac-*
» *tions passés relativement au paiement*
» *desdits intérêts, sortiront leur plein*
» *et entier effet.* »

« La Chambre, par un juste respect pour le principe de la propriété, dit *M. le comte de Tournon*, s'est réfusée à décharger en totalité les colons du poids énorme qui les acable. Mais ce fardeau se compose de deux parties bien distinctes : l'une est le capital originairement fourni par le créancier. L'obligation de rendre ce capital était sacrée, inviolable; elle a été maintenue par le rejet des amendemens précédemment proposés. L'autre partie se forme des intérêts dont l'accumulation serait plus que doubler, et arriverait presque à tripler le capital. A cet égard, il faut considérer que cette créance accessoire est d'une nature toute différente de celle du capital ; qu'à toutes les époques elle a été regardée moins favorablement par le législateur ; que proscrite dans

certain cas comme usuraire, elle a été et
est encore soumise, dans d'autres, à des
prescriptions différentes de celles qui s'ap-
pliquent au capital. On craignait en ré-
duisant le capital des créances, de fonder
un précédent dangereux, mais ici le précédent existe dans la loi d'indemnité, dont
l'article 18 a réduit à cinq années les intérêts qui seraient exigibles contre les émigrés, quoique cependant ceux-ci reçussent
une indemnité qualifiée d'intégrale, tandis qu'on n'attribue au colon qu'une indemnité du dixième. La réduction proposée est donc admissible, puisque déjà elle
a été admise pour un autre cas. Elle est
d'ailleurs équitable et juste, parce que les
intérêts étaient, pour les créanciers, la
réprésentation des fruits que produisait
au colon sa propriété, et que ces fruits
ayant cessé par le désastre de la colonie,
leur réprésentation a dû s'évanouir en
même temps. D'un autre côté les lois de
surséance sont intervenues; elles annon-
çaient une loi transactionnelle entre les
créanciers et les colons, elles ont par con-

séquent empêché ceux-ci de prendre des arrangemens particuliers. Elles ont d'ailleurs suspendu la prescription qui courait à leur profit, elles leur deviendraient donc plus nuisibles qu'utiles si l'amendement était rejeté. »

M. le Ministre des finances s'oppose à l'adoption de l'amendement qu'il regarde comme contraire au respect dû au principe de la propriété et aux droits existans.

M. le baron Pasquier :

« Peut-on méconnaître que les lois de sursis ont placé les créanciers de Saint-Domingue hors du droit commun ? Pourquoi donc réfuserait-on d'en sortir encore pour le cas le plus favorable, et lorsqu'il s'agit de modérer pour le débiteur une charge qui présente quelque chose d'exorbitant et d'usuraire ? Ce qui donne en général au créancier le droit de réclamer des intérêts, c'est que la chose qu'il a vendue ou le capital qu'il a prêté, en produisent au débiteur ; mais ici il est notoire que le colon n'a perçu aucuns fruits, n'a reçu aucun intérêt. »

M. le Rapporteur estime qu'une distinction serait nécessaire entre les créances antérieures à 1792 et celles qui sont nées depuis cette époque. L'intention du noble auteur de l'amendement étant, sans doute, de n'appliquer la réduction des intérêts qu'aux créances frappées par le sursis, il eût été convenable de l'exprimer d'une manière formelle.

M. le Ministre des finances repousse cette distinction, comme devant accorder plus de faveur à celles des créances qui en sont le moins dignes. L'amendement proposé est mis aux voix. Le résultat du dépouillement du scrutin donne, sur un nombre total de 165 votans, déduction faite de quatre bulletins nuls, 83 suffrages pour le rejet, et 82 seulement pour l'adoption de l'amendement. — L'amendement est rejeté.

L'article 9 est ensuite adopté dans les termes du projet.

OBSERVATIONS.

L'équité a peut-être fléchi devant les

exigences du droit commun ; mais, quoiqu'il en soit, la question n'est plus à dé-
battre : *dura lex, sed lex*. La Commission,
les tribunaux pourront, chaque fois que les
circonstances le permettront, saisir l'occasion de rendre la loi moins rigoureuse,
mais jamais il ne leur sera donné de violer
le principe consacré.

C'est dans des lois de surséance qu'il
faut chercher l'étendue des obligations des
colons.

2. On a demandé : *si, lorsque la succession n'aura été acceptée que sous bénéfice d'inventaire, le créancier n'aura le
droit de saisir-arrêter que pour le
dixième de sa créance.*

D'une part l'on dit, si l'héritier bénéficiaire n'est réputé, à l'égard des créanciers, que simple administrateur ; si, comme le porte l'art. 803, *il est chargé d'administrer les biens de la succession, et doit
rendre compte aux créanciers et aux légataires*, de quel droit pourrait-il profiter du bénéfice de l'article 9 ? On conçoit

que l'héritier pur et simple doit jouir du privilége accordé à son auteur; il prend sa place; il succède à tous ses droits comme à toutes ses obligations. En est-il de même de l'héritier bénéficiaire? à quel titre prendra-t-il les neuf dixièmes restant, s'il doit compte de tout; s'il est, comme le dit Pothier, l'administrateur plutôt que l'héritier et le propriétaire des biens?

D'autre part l'on répond (et cette opinion, consacrée d'ailleurs par un arrêt de cassation dans une espèce analogue, nous paraît préférable): l'héritier bénéficiaire est véritablement héritier, quoique la loi lui accorde de n'être pas tenu des dettes au-delà des biens de la succession. Il est débiteur, tant qu'il n'a pas rendu compte; il peut être contraint sur ses biens personnels, après avoir été mis en demeure de présenter un compte, et faute d'avoir satisfait à cette obligation; il est impossible d'admettre que l'héritier que la loi a voulu favoriser, quoiqu'on lui impose des conditions propres à mettre en sûreté les intérêts des créanciers, soit exclu des avan-

tages d'une disposition que l'on ne nie pas
appartenir aux héritiers purs et simples.
Si l'on admettait l'opinion contraire, il
faudrait dire que la loi a voulu traiter, plus
rigoureusement que tous autres, les mineurs qui ne peuvent accepter que sous
bénéfice d'inventaire.

ARTICLE X.

LOI.	PROJET.
Il ne sera perçu aucun droit de succession sur l'indemnité accordée aux anciens colons de Saint-Domingue.	Il ne sera perçu aucun droit de succession sur l'indemnité attribuée aux anciens colons de Saint-Domingue.
Les titres et actes de tous genres qui seront produits par les réclamans ou	Les titres et actes de tous genres qui seront produits par les propriétaires ou

leurs créanciers, soit devant la Commission, soit devant les tribunaux, pour justifier de leurs qualités et de leurs droits, seront dispensés de l'enregistrement et du timbre.

leurs créanciers, pour justifier de leurs droits, seront dispensés de l'enregistrement et du timbre.

CHAMBRE DES DÉPUTÉS.

RAPPORT.

M. Pardessus :

« Dans l'intention du projet, les réclamans ou leurs créanciers doivent jouir de l'exemption du timbre et de l'enregistrement, pour l'usage qu'ils feront des actes et autres documens relatifs à l'indemnité, non-seulement devant l'administration, mais encore devant les tribunaux. Cependant des doutes ont été élevés. Pour les faire cesser, nous proposons d'ajouter ces mots à l'article : *Soit devant la Commission, soit devant les tribunaux.*

» On a demandé aussi, dans quelques bureaux, qu'une autorisation formelle fût accordée par la loi aux notaires, greffiers, et autres dépositaires publics, de délivrer sur papier non timbré les actes dont la production serait affranchie de cette formalité. Cette faculté nous paraît être la conséquence immédiate et nécessaire du projet, si vous l'adoptez. La loi générale sur le timbre défend sans doute aux fonctionnaires publics de délivrer et de signer des expéditions sur papier non timbré, mais dès qu'une exception sera faite par une loi pour le cas et pour les objets prévus par cette loi spéciale, on se trouvera dans la même position que si la loi générale du timbre n'existait pas. Il suffit que les circulaires de la régie donnent à ses employés des instructions en ce sens, pour éviter des contestations dans lesquelles ils succomberaient évidemment devant les tribunaux; et, sans doute aussi elles indiqueront les énonciations nécessaires pour que l'usage de ces copies sur papier libre soit limité à ce qui fait l'objet de la loi. »

L'article est adopté sans discussion, ainsi qu'à la Chambre des Pairs.

OBSERVATIONS.

L'article 49 de l'ordonnance ne paraît pas au premier abord remplir toute l'attente qu'avait fait naître la généralité des termes de l'art. 10; c'est au garde des archives de la marine seul qu'est accordée l'autorisation réclamée par la Chambre et promise par M. le Rapporteur.

Nous ne pouvons croire qu'on ait prétendu donner à la loi une interprétation aussi restreinte; l'ordonnance du 17 décembre 1823, en prescrivant aux anciens officiers publics de Saint-Domingue de faire la remise au dépôt de la marine des minutes d'actes passés par eux dans cette colonie; en imposant la même obligation aux notaires du royaume qui auraient reçu en dépôt de semblables actes, a fait, il est vrai, des archives de Versailles le dépôt presque exclusif de tout ce qui concerne les colons personnellement; mais ces actes ne sont pas les seuls qui doivent être employés, les seuls dont se soient occupés les membres de la Chambre, dont ait voulu parler la Commission du 1er septembre 1825.

« On doit prévoir, disait-elle, qu'un grand
» nombre d'actes privés et de documens
» seront produits à l'appui des réclama-
» tions; la plupart n'ont été revêtus ni
» de la formalité du timbre, ni de celle
» de l'enregistrement; dans l'état de la
» législation, il ne serait pas permis d'en
» faire usage devant la Commission ou
» devant les tribunaux sans acquitter ces
» droits, souvent considérables.

» Il est bien vrai que Votre Majesté,
» par l'article 61 de son ordonnance du
» 1er mai 1825, a déclaré que toutes les
» pièces produites devant la Commission
» chargée de liquider l'indemnité due aux
» propriétaires de biens confisqués, se-
» raient affranchies du timbre et de l'en-
» registrement; mais, outre que cette

» disposition spéciale ne pourrait, sans
» une déclaration expresse, être étendue
» d'un cas à un autre, elle est fondée sur
» le texte d'une loi du 26 frimaire an 8,
» relative aux créanciers du Trésor : l'in-
» demnité des biens confisqués étant
» payée par l'État, l'application de cette
» loi ne devait souffrir aucune difficulté.

   » Les 150 millions payés par la Gouver-
» nement d'Haïti n'étant point une pro-
» priété du Trésor, la loi du 26 fri-
» maire an 8 ne pourrait être invoquée
» en faveur des colons.

   « C'est pourquoi nous proposons à Vo-
» tre Majesté une disposition ainsi con-
» çue :

   « *Aucun des titres, actes ou documens*
» *produits pour justifier les demandes ne*
» *sera assujéti au droit d'enregistrement*
» *et de timbre.*

   « *Les créanciers ne seront pas tenus de*
» *faire enregistrer les titres sur lesquels*
» *ils fonderont leurs saisies-arrêts sur*
» *l'indemnité allouée à leurs débi-*
» *teurs.* »

« De ces explications, deux conséquences : la première, que toute espèce d'acte doit être dispensée du timbre et de l'enregistrement ; la seconde, que les instructions ministérielles relatives à l'art. 61 de l'ordonnance du 1ᵉʳ mai 1825 ne sont point applicables, même par analogie.

ARTICLE XI.

LOI.	PROJET.
Lorsqu'il s'élévera des contestations entre divers prétendant droit à la succession d'un colon qui n'avait pas de domicile en France, et qui n'y est pas décédé, *ou entre eux et ses créanciers, elles*	*Lorsqu'il s'élévera des contestations entre divers prétendant droit à la succession d'un colon qui n'avait pas de domicile en France, et qui n'y est pas décédé, elles seront attribuées au tribunal du*

17

seront attribuées au tribunal du domicile du défendeur; et, s'il y en a plusieurs, au tribunal du domicile de l'un d'eux, au choix du demandeur.

domicile du défendeur, et, s'il y en a plusieurs, au tribunal du domicile de l'un d'eux, au choix du demandeur.

CHAMBRE DES DÉPUTÉS.

RAPPORT.

M. Pardessus :

« Le projet propose dans cet article une mesure d'un grand intérêt pour éviter des lenteurs et des frais de procédure considérables aux héritiers des colons morts à Saint-Domingue ou en pays étranger. La Commission, dans son rapport, en a donné les motifs suivans :

« Un grand nombre des anciens co-
» lons avaient leur domicile à Saint-Do-
» mingue, et même y ont péri ; d'autres
» ont fui ce théâtre de dévastation, et se
» sont réfugiés en pays étrangers, où ils
» ont terminé leur carrière ; s'il s'élève

» des contestations entre ceux qui préten-
» dront à leurs successions, les tribunaux
» seuls peuvent en juger.

» D'après les principes du droit civil,
» les contestations entre les héritiers sont
» attribuées au tribunal du lieu où le dé-
» funt avait son domicile; mais dans l'hy-
» pothèse que nous exposons, les pays où
» les successions dont il s'agit se seraient
» ouvertes ne font point partie du royanme
» (et les jugemens étrangers n'ont point
» de force en France). De là résulte la né-
» cessité d'attribuer la connaissance des
» contestations à des tribunaux français.

» Si l'on garde le silence sur ce point,
» il sera nécessaire que les parties inté-
» ressées s'adressent à la Cour de Cassa-
» tion, et comme cette Cour ne peut
» prononcer par une mesure générale,
» mais statuer seulement sur chacun des
» cas qui lui sont soumis, il en résulte la
» possibilité de plusieurs milliers de de-
» mandes en attribution de juges. »

DISCUSSION.

M. Mestadier :

Je propose d'ajouter, après le mot *décédé*, ceux-ci : *ou entre eux et ses créanciers.*

M. Pardessus :

« L'amendement n'a pas été communiqué à Commission ; je ne puis donner que que mon opinion personnelle ; il me semble qu'on peut l'adopter sans difficulté ; il remplit une lacune dans la législation ; car, dans l'état actuel des choses, le créancier qui ne trouverait pas un domicile à son débiteur parce qu'il résiderait en pays étranger, serait obligé de s'adresser, en règlement de juges, à la Cour de cassation : il faut éviter, le plus possible, les procès.

L'amendement de *M. Mestadier* est adopté.

M. Delhorme propose un amendement ainsi conçu :

« *Si aucun des défendeurs n'a son do-*
» *micile en France, la connaissance et*
» *le jugement des contestations sont at-*

» tribuées au tribunal de première ins-
» tance de la Seine, et par appel à la
» Cour royale. »

« La Cour de cassation, dit l'orateur, prononce sur les règlemens de juges, c'est-à-dire, qu'entre les tribunaux tenant de la loi les pouvoirs de statuer sur les contestations, elle décide lorsqu'il y a conflit entre eux, lequel de ces tribunaux restera compétent. Par cet acte, elle ne confère point le pouvoir judiciaire : elle ne fait qu'en régler l'exercice.

» Ici, la question est toute différente ; il s'agit d'attribuer la jurisdiction, de la créer en quelque sorte, et de rendre justiciables de cette jurisdiction des gens qui ne trouvent point dans le royaume de juges naturels, qui n'y ont aucun domicile, qui ne s'y feront point représenter, qui n'y viendront peut-être jamais. Une semblable attribution est une fonction de la loi, et ne peut être qu'un acte de la puissance législative : ces principes démontrent la nécessité de l'amendement.

17*

M. Pardessus :

« Les règles du droit commun et la jurisprudence rendent inutile la proposition de *M. Delhorme.*

Voici le cas qui a attiré l'attention du préopinant :

» Un étranger a droit à l'indemnité ; il a des créanciers qui sont Français, et ces créanciers n'ont pas un titre exécutoire en vertu duquel ils puissent faire une saisie-arrêt : devant quel tribunal devront-ils procéder pour s'en procurer ?

» L'article 14 du Code civil porte que l'étranger peut être assigné devant un tribunal français par le créancier français. Le Code, il est vrai, n'a pas dit devant quel tribunal français ; mais ce ne peut être devant le tribunal français du défendeur, puisque le défendeur est étranger, et qu'une condamnation obtenue à l'étranger ne servirait en rien en France. La question a été présentée devant les tribunaux, et elle a été jugée par eux, ainsi que par la Cour de Cassation dans le sens que le créancier français a le droit d'assigner son débiteur étranger devant le tribunal de son propre domicile. »

M. Delorme :

« Si, comme M. le Rapporteur vient de le déclarer, d'après la jurisprudence de la Cour de cassation un étranger peut venir prendre son domicile, y attirer son débiteur étranger et obtenir contre lui des jugemens réguliers et exécutoires, je retire mon amendement. »

L'amendement est retiré; l'article mis aux voix est adopté.

CHAMBRE DES PAIRS.

RAPPORT.

Le baron Mounier :

S'il s'élève des contestations entre ceux qui prétendent à la succession, les tribunaux devront prononcer. D'après nos codes la contestation devrait être portée devant le tribunal du domicile du défunt; mais le lieu de ce domicile, dans l'hypothèse que nous prévoyons, est situé hors du royaume; il en

résulte la nécessité d'attribuer la contestation à un tribunal français; le projet de loi
désigne celui du domicile du demandeur.

Nous croyons devoir vous proposer d'é-
tendre cette disposition. Il est à croire que
beaucoup de colons, décédés aussi loin du
sol de la France, ont laissé des héritiers
qui n'ont fait aucun acte d'hérédité. Ils
voudront aujourd'hui profiter du bénéfice
de la loi qui vous est soumise; mais pour
le faire sans compromettre leur fortune,
ils devront déclarer qu'ils acceptent la succession sous bénéfice d'inventaire. Or,
d'après le code, cette déclaration devrait
être faite au greffe du tribunal de l'arrondissement où la succession s'est ouverte,
il convient donc de donner au réclamant
la faculté de la faire au tribunal de son
domicile.

En conséquence pour compléter l'article 11 de manière à ce qu'il contienne
tout ce qui concerne la désignation des
tribunaux où devront être portées les
questions, ou remplies les formalités rela-

tives aux successions des colons morts hors
du territoire du royaume, nous vous proposons l'amendement suivant :

« *La déclarion d'acceptation sous bé-*
» *néfice d'inventaire, de la succession*
» *d'un colon qui n'avait pas de domicile*
» *en France, et qui n'y est pas décédé*
» *pourra être faite au greffe du tribunal*
» *du domicile de l'heritier.* »

DISCUSSION.

M. le Ministre des finances ·

« Saint-Domingue est désormais pour
nous un pays étranger ; y a-t-il des lois générales applicables à l'acceptation sous
bénéfice d'inventaire d'une succession
échue en pays étranger ? J'ai peine à croire
que ce cas n'ait pas été prévu par la législation existante et qu'une disposition
spéciale soit ici nécessaire. »

M. le baron Mounier :

» Si l'amendement n'est pas indispensable, et si l'on pense qu'une ordonnance
d'exécution puisse suppléer à cet égard au
silence de la loi, la commission se désiste
de sa proposition.

» M. le vicomte *Lainé* estime que l'a-
mendement proposé, quoique sans doute
il rendît la loi plus complète, ne saurait
être considéré comme indispensable. Il y
a sous ce rapport une grande différence
entre la disposition actuelle de l'article 11,
et celle qu'on propose d'y ajouter ; dans la
première, il s'agit d'actions à exercer pour
lesquelles il a bien fallu désigner un tribunal compétent, dans la seconde, où il
ne s'agit que d'une déclaration à faire,
cette nécessité n'existe pas ; car si la déclaration faite par l'héritier au greffe de
son domicile était jamais attaquée, il
en ferait aisément prononcer la validité
en vertu de la règle : *à l'impossible, nul
n'est tenu.* L'amendement n'est donc pas
indispensable ; et, comme il faudra nécessairement une ordonnance pour l'exécution de la loi proposée, on pourrait dans
cette ordonnance suppléer au silence de
la loi, non pas en faisant une disposition
législative, mais en fixant la marche de
l'héritier, et en prévenant de sa part toute
incertitude.

M. le rapporteur déclare que, d'après ces explications, la commission retire son amendement.

M. le comte de Noé présente l'amendement suivant :

« *Ceux qui accepteront, ou qui, avant*
» *la publication de la présente loi, ont ac-*
» *cepté sous bénéfice d'inventaire, la suc-*
» *cession d'un ancien propriétaire à*
» *Saint-Domingue, conserveront tous*
» *les avantages attachés à cette qualité,*
» *sans qu'on puisse opposer à eux, ou à*
» *leurs représentans, la réclamation de*
» *l'indemnité comme motif de déchéance*
» *ou comme acte d'héritier pur et simple.* »

« L'article 803 du Code Civil, dit le noble Pair, charge l'héritier bénéficiaire d'administrer les biens de la succession, et de rendre compte de son administration aux créanciers et aux légataires. Ne pourrait-on pas en vertu de cet article le rendre responsable de la négligence qu'il apporterait à réclamer l'indemnité? Ne pourrait-on pas, d'un autre côté, prétendre qu'en la réclamant il a fait acte d'héritier pur et simple, et renoncé ainsi au bénéfice de la loi? Cette prétention, si elle avait quelque fondement, rendrait extrêmement facheuse la condition des héritiers bénéficiaires.

La réclamation de l'indemnité est une sorte de transaction qu'on ne peut assimiler à la poursuite d'une créance ordinaire. Ne pourrait-on pas argumenter ici de la disposition de l'art. 806 du Code qui défend à l'héritier bénéficiaire d'aliéner les immeubles autrement que dans les formes prescrites par les lois sur la procédure? Enfin, quand la prétention serait absurde, ne convient-il pas d'épargner aux malheureux colons et à leur famille les embarras et les frais d'un procès vexatoire?

M. le Ministre des finances déclare que cet amendement lui paraît inutile : « comment en présence des articles du code élever contre l'héritier bénéficaire la prétention qu'il a pour but de prévenir, comment jamais voir en lui autre chose qu'un gérant de la succession obligé seulement d'en rendre compte? pour dissiper toute espèce de doute il suffit de rappeler ce qui se passe relativement à l'indemnité des émigrés : aucun héritier bénéficaire n'a hésité à la réclamer, sans craindre de compromettre par l'accomplissement de ce devoir, les avantages que sa qualité lui assure. »

La proposition est retirée.

L'article est mis aux voix et adopté.

OBSERVATIONS.

I. L'ordonnance dans son article 50 a tranché la question soulevée par la Commission de la Chambre des Pairs : elle décide « que la déclaration d'acceptation » sous bénéfice d'inventaire de la succes- » sion d'un colon qui n'avait pas de do- » micile en France, et qui n'y est pas » décéde, sera reçue au greffe du tribunal » de la Seine ; » elle ne statue rien à l'é- gard des répudiations, mais les mêmes motifs exigent une semblable disposition, on a appliqué le principe au cas le plus ordinaire: *Lex statuit de eo quod plerum-*

que fit ; cependant, ne fût-ce que pour éviter un procès que laisse indécis le vague de l'article 789 du code civil, dans ces circonstances où tant d'intérêts vont recevoir l'éveil, une répudiation formelle sera souvent un acte de prudence.

II. L'art. 50 de l'ordonnance déroge au droit aujourd'hui en vigueur, à l'art. 784 du Code Civil, c'est une exception, elle doit être renfermée dans les termes qui la contiennent; ainsi la déclaration ne devra avoir lieu au greffe du tribunal de la Seine qu'autant que le *colon n'avait pas de domicile en France, qu'il n'y est pas décédé.*

III. M. Delhorme par son amendement a soulevé une autre difficulté qui, à notre avis, n'a pas reçu de solution. M. le Rapporteur, comme le prouve l'exemple qu'il a choisi, n'a pas discuté la véritable question proposée, il s'agissait et il s'agit encore de savoir, non pas, si un Français peut assigner un étranger devant le tribunal de son propre domicile, mais devant quel tribunal doivent procéder en France deux étrangers?

On accordera facilement que la confusion qui a existé dans la discussion de M. Delhorme et de M. Pardessus, que l'abandon de l'amendement fondé sur une erreur de fait, ne peuvent servir à résoudre la difficulté.

Deux Espagnols se présentent ; tous deux reclament l'indemnité et se la contestent ; 1° les tribunaux français peuvent-ils connaître de leurs différens ; 2° devant quel tribunal pourront-ils procéder ; 3° d'après quelles lois seront-ils jugés ?

La discussion de l'article 14 du Code Civil au conseil d'État établit, et la Cour de Cassasion semble avoir décidé, que les tribunaux français sont compétens pour connaître des contestations entre étrangers : 1° lorsque les parties y consentent ; 2° lorsque l'obligation a été contractée dans une foire française ; 3° lorsque l'obligation a été contractée en France pour y être exécutée, et qu'il y a moyen d'y contraindre le débiteur; en d'autres termes toutes fois qu'il y a pour l'Etat un intérêt bien reconnu à faire juger le procès en France : (Arrêt de Rouen ; 30 décembre 1815. S. 17, 2, 62,) dèslors, nul doute qu'un tribunal français ne se déclare compétent; mais lequel choisir? il s'agit ici d'attribuer de créer en quelque sorte, une jurisdiction, et non de vider un conflit, la Cour de Cassation est incompétente, une loi était indispensable. Voici cependant comment on pourrait le plus raisonnablement y suppléer.

Aux termes de l'article 2 de l'ordonnance du 9 mai, tout reclamant doit faire élection de domicile à Paris ; le domicile élu, lorsqu'aucun autre n'existe en France, est, pour l'étranger, attributif de jurisdiction, même à son profit (art. 111); Le demandeur, quand d'ailleurs le juge est compétent, peut citer l'étranger défendeur devant le tribunal de son propre domicile (art. 14); d'où la conséquence, que, justiciable, par le fait de son élection de domicile, du tribunal de la Seine, qui est

obligé de le juger à raison de compétence
que lui attribue l'intérêt de l'État, l'é-
tranger peut citer son adversaire devant
ce tribunal. De cette manière on arrive a
faire l'application de l'amendement de
M. Delhorme.

IV. Quant aux lois applicables ; les
principes généraux sont connus, l'application seule peut offrir des difficultés.

Si l'affaire est relative à un immeuble,
on suivra la loi du pays où l'immeuble
est situé.

Si l'action est mobilière, relative à l'interprétation d'une convention, à la forme
d'un acte, c'est la loi du pays où l'acte a été
passé ; relative au mode d'exécution, c'est
la loi du lieu de l'exécution.

Enfin, s'il s'agit de la capacité, c'est
le statut personnel de chacun qu'il faut
appliquer.

V. Considérera-t-on l'indemnité comme tellement représentative de la propriété immobilière qu'elle participe de sa
nature, nous ne saurions l'admettre : elle
ne peut avoir deux caractères différens,

être mobilière à l'égard des uns, immobilière à l'égard des autres. Les créanciers
peuvent en *saisir-arrêter* une portion ;
ils doivent la partager par contribution,
et le législateur a jugé indispensable une
disposition spéciale pour maintenir, au
profit du vendeur de l'habitation, un
privilége qu'il aurait tenu du droit commun, si l'indemnité était effectivement
le prix, la représentation des immeubles ;
d'ailleurs, dans cette hypothèse, le but de
la loi serait manqué, les colons, héritiers
des immeubles d'après la coutume de Paris, profiteraient seuls d'une *consolation*,
d'un *adoucissement* destiné à la misère
de tous.

D'un autre côté, si le droit à l'indemnité est regardé dans la succession du
colon comme mobilier, il pourra se présenter cette hypothèse bizarre, où, en
vertu du *droit*, l'héritier français sera
exclu de la succession par l'héritier
étranger.

ARTICLE XII.

Les contestations renvoyées devant les tribunaux, dans le cas prévu par l'article 7, seront jugées comme en matière sommaire, à moins qu'il ne s'élève quelque question d'état.

CHAMBRE DES DÉPUTÉS.

RAPPORT.

M. Pardessus :

« Il peut s'élever devant la Commission de liquidation des doutes ou des contestations sur la qualité d'un réclamant, et c'est aux tribunaux seuls à prononcer. L'art. 8 du projet présenté par le ministère le prévoit ; mais les tribunaux saisis de ces contestations les jugeront suivant les formes de la procédure ordinaire, si la loi n'en abrège les lenteurs et n'en diminue les frais. Frappé de cette considération vous avez, dans la loi du 27 avril, décidé que les tribunaux prononceraient, comme en matière sommaire, à moins qu'il ne s'élevât une question d'état. Nous vous proposons d'insérer une disposition semblable dans le projet soumis à votre discussion. »

ARTICLE XIII.

L'état des liquidations opérées, contenant le nom du réclamant, le montant de l'indemnité, la désignation et la situation de l'objet pour lequel elle est accordée, sera annuellement distribué aux Chambres.

CHAMBRE DES DÉPUTÉS.

RAPPORT.

M. Pardessus :

« Cet article a pour objet la publicité

à donner au résultat des opérations, il a été proposé par la Commission préparatoire. Elle s'est fondée sur ce que déjà cette mesure a été ordonnée par la loi du 27 avril 1825. On peut dire, nous ne le dissimulons pas, que les deux positions ne sont pas identiques, parce que l'indemnité due aux victimes des confiscations étant due par l'État, les lois sur la comptabilité des deniers publics exigeaient que l'emploi successif des fonds alloués fût connu des Chambres.

» Mais si la publicité du résultat ne paraît pas commandée dans l'intérêt de la comptabilité publique, elle l'est dans celui des colons, à qui il est juste de faire connaître la situation d'un capital qui leur appartient en commun, dans la proportion du montant des pertes qu'ils ont éprouvées. Notre législation offre plus d'un exemple de la publicité des comptes, ordonnée pour des objets étrangers au trésor, mais qui touchent à des intérêts collectifs dont les ayant-droits sont nombreux et disséminés.

» L'intérêt des créanciers des colons réclame aussi cette mesure, ils pourront,
par ce moyen, connaître ceux de leurs
débiteurs qui ont été liquidés, et dans
le cas où, par défaut de diligence,
ils auraient perdu leurs droits sur les
premiers dividendes faute d'opposition,
ils pourront en faire sur les autres dividendes.

» Cette publicité sera aussi dans l'intérêt de la Commission à qui la liquidation doit être confiée ; il faut que ses
membres puissent opposer aux demandes
qui leur paraîtront injustes ou exagérées,
non-seulement leur probité, mais encore
l'appui de l'opinion publique.

CHAMBRE DES PAIRS.

DISCUSSION.

M. le baron de Montalambert demande que, dans l'état dont il s'agit, on
comprenne aussi le montant des saisies-
arrêts qui auront été formées en vertu de
l'article 9, afin, du moins, que l'on sache

où sera passée cette indemnité stipulée en faveur des colons.

M. le Ministre des finances déclare, qu'à moins d'y être contraint par une disposition expresse, le Gouvernement ne fera point droit à une pareille demande.

L'Amendement n'est pas appuyé. L'article est mis aux voix et adopté.

ORDONNANCE DU ROI.

CHARLES, par la grâce de Dieu, Roi
DE FRANCE ET DE NAVARRE,

A tous ceux qui ces présentes verront,
salut :

Vu notre ordonnance du 17 avril 1825;

Vu le rapport à nous présenté par la
Commission préparatoire créée par notre
ordonnance du 1er septembre de la même
année;

Vu la loi du 30 avril dernier, relative à
la répartition de l'indemnité affectée aux
anciens colons de Saint-Domingue;

Sur le rapport du président de notre
conseil des Ministres;

Notre conseil entendu :

Nous avons ordonné et ordonnons ce
qui suit :

TITRE Ier.

*Des demandes en indemnité et des pièces
qui doivent y être annexées.*

Art. 1er. Les anciens propriétaires de
biens-fonds situés dans la partie française
de l'île de Saint-Domingue, à défaut des
anciens propriétaires, leurs héritiers, donataires, légataires ou ayant-cause, devront, pour obtenir l'indemnité, se pourvoir en liquidation auprès de la Commission qui sera établie pour la répartition de
la somme de 150 millions affectée aux anciens colons de Saint-Domingue.

Leur demande sera déposée au secrétariat de la Commission.

Art. 2. Toute demande en indemnité
contiendra :

1°. Election de domicile du réclamant
à Paris;

2°. Les noms et prénoms du réclamant;

3°. Si le réclamant est représentant
d'anciens propriétaires, les noms et pré-

noms des individus propriétaires en 1789
des biens-fonds pour lesquels il se pourvoit en indemnité, et ceux des héritiers
intermédiaires qui auraient été habiles à
réclamer;

4°. La dénomination des biens-fonds en
1789, avec l'indication I. de la ville ou paroisse dans laquelle ils étaient situés; II. de
leur contenance; III. des diverses cultures
qui y étaient établies; IV. des abornemens
desdites propriétés; V. de la distance de
l'embarcadère; VI. de tous les moyens
d'exploitation qui y étaient attachés; VII.
du nombre d'esclaves qui existaient sur
les habitations; VIII. des animaux, bâtimens et usines dont elles étaient garnies;
IX. de la nature et quantité des denrées
récoltées en 1789 ou dans l'année la plus
rapprochée de ladite époque, et générale-
ment de tout ce qui peut conduire à déterminer la valeur des biens-fonds;

5°. La déclaration, s'il y a lieu, de la
portion des ateliers attachés aux propriétés rurales qui aurait été cédée ou vendue
au gouvernement anglais pour être incor-

porée dans l'armée levée lors de l'occupation d'une partie de la colonie par ce gouvernement, ou qui aurait été emmenée par les propriétaires dans d'autres colonies ou en pays étrangers.

Cette demande sera en outre appuyée des titres et pièces nécessaires pour établir les droits et qualités du réclamant et la valeur à attribuer aux immeubles; le tout conformément à ce qui va être ci-après indiqué et au modèle de demande annexé à la présente ordonnance sous le n° 1.

Art. 3. Lorsque la demande sera formée par l'ancien propriétaire, il devra produire, pour justifier de sa qualité, de ses droits et de la valeur de ses biens-fonds :

1°. Un extrait de son acte de naissance en due forme;

2°. Un acte de notoriété dressé devant un juge de paix, signé par cinq témoins notables et attestant son identité;

3°. Les actes et titres authentiques propres à établir ses droits à la propriété des biens-fonds pour lesquels il réclame l'indemnité, et à défaut d'actes et titres authentiques, tels que, ordonnances de concessions, contrats de vente, d'échange, transactions, actes de partage, inventaires, testamens, stipulations dotales ou contractuelles, constitutions de rentes perpétuelles ou viagères, transports ou tous autres de ce genre :

I. Les déclarations portant descriptions et recensemens de biens-fonds qui étaient fournies à l'administration de la colonie, à l'effet de servir à la fixation de l'imposition; mais seulement lorsqu'elles auront date certaine et qu'elles seront revêtues de la signature et de l'attestation de l'officier des milices commandant la paroisse dans laquelle existe la propriété rurale ou urbaine pour laquelle il se pourvoit en liquidation;

II. Les plans ou extraits de plans possédés par des particuliers, lorsque ces plans dressés par des arpenteurs assermentés, se seront trouvés sous des cotes d'inventaires ou énoncés dans des actes authentiques, ou que, par d'autres circons-

tances, ils auront acquis une date cer‑
taine;

III. Les extraits des plans généraux qui
auraient été déposés à la Commission, et
dont l'authenticité aurait été reconnue par
elle;

IV. Les comptes des gérans rendus à
leurs propriétaires, soit en France, soit en
pays étrangers, particulièrement lorsque
ces comptes auront acquis une date cer‑
taine;

V. Les états d'évaluation qu'un proprié‑
taire aurait pu avoir faits avant sa mort,
comme projet de partage;

VI. Les lettres missives écrites par les
propriétaires à leurs femmes, à leurs en‑
fans, à leurs héritiers, à leurs co‑socié‑
taires, en France ou en pays étrangers;
celles des gérans et procurateurs aux pro‑
priétaires ou ayant‑droit du propriétaire,
lorsque ces lettres auront acquis une date
certaine;

VII. Les comptes de ventes et produits
des denrées chargées et expédiées de la co‑

Ionie dans les ports de France et reçues par des maisons de commerce des différens ports du royaume.

Si ces comptes ont acquis une date certaine, s'ils sont contenus dans des registres cotés ou inventoriés, la demande en indemnité devra relater cette circonstance et en rapporter la justification.

VIII. Les extraits qui auront été délivrés par le dépositaire des archives de la marine à Versailles, et les états d'appositions ou de levées de séquestre dont les propriétés donnant lieu à l'indeinnité ont pu être l'objet.

Les prétendans droit qui ne pourraient fournir les pièces indiquées au présent article, produiront tous autres actes et documens en leur possession.

Art. 4. Si l'ancien propriétaire n'est pas Français, ou s'il ne réside pas en France, l'extrait de naissance et l'acte de notoriété seront revêtus des formalités usitées pour les mêmes actes dans le pays qu'il habite, et légalisés par nos ambassadeurs, ministres, consuls, vice-consuls, ou tous autres agens diplomatiques.

Art. 5. Si la demande en indemnité est formée par des héritiers donataires, légataires ou ayant-cause de l'ancien propriétaire, les réclamans produiront, indépendamment de l'extrait de naissance de chacun d'eux, et des pièces énoncées en l'article 3 ci-dessus, tous les actes propres à établir leurs droits à la succession, sans égard aux lois rendues sur l'émigration; et lorsqu'il y aura lieu, l'extrait des registres de l'état civil servant à prouver les droits du propriétaire dépossédé.

Les héritiers qui entendront se prévaloir de la renonciation qui aura été faite à la succession de l'ancien propriétaire par les héritiers naturels ou institués à l'époque de son décès, devront, en outre, produire une copie en due forme de l'acte de renonciation et la preuve de leur acceptation.

Art. 6. Dans le cas où les réclamans ne pourraient représenter les actes servant à établir leurs droits à la propriété des biens-fonds pour lesquels ils se pourvoient en indemnité, ils devront, en justifiant des causes de l'impossibilité où ils se trouvent, demander à la Commission l'autorisation d'y suppléer par voie d'enquête.

Il en sera de même lorsque le défaut de preuve portera sur la fixation de la valeur à attribuer à la propriété.

Leur demande sera accompagnée d'un certificat du garde des archives de la marine à Versailles, constatant qu'il n'y existe aucun titre, état de recensement ou tout autre document relatif aux biens dont il s'agit. (Voir le modèle de demande annexé à la présente ordonnance sous le n° 2.)

Si l'autorisation est accordée, la Commission désignera les fonctionnaires qui devront recevoir l'enquête, les personnes qui seront entendues et les faits sur lesquels elle portera.

La décision sera, à la diligence du commissaire du Roi, transmise aux fonctionnaires y dénommés, avec invitation d'y satisfaire dans le plus bref délai.

Art. 7. Les demandes en indemnité parvenues au secrétariat de la Commission, seront immédiatement portées à leur date, et dans l'ordre de leur arrivée, sur le registre qui sera ouvert à cet effet. Ce registre sera coté et paraphé par première et par dernière par un des présidens de la Commission.

Elles seront, en outre, revêtues d'un visa signé par le secrétaire en chef, avec indication du numéro et de la date de l'enregistrement.

Le même registre servira également à constater successivement et d'une manière sommaire la suite donnée à chaque affaire jusqu'à sa conclusion. Il énoncera le nom du réclamant, celui de l'ancien propriétaire, le montant de l'indemnité qui aura été allouée, la désignation et la situation de l'objet pour lequel elle est accordée.

Des extraits régulièrement certifiés de ce registre et de l'enregistrement des demandes seront délivrés à toutes personnes qui prouveront avoir intérêt à les réclamer.

Art. 8. Les dispositions contenues aux art. 2, 3, 4 et 5 ci-dessus ne feront pas obstacle à l'enregistrement des demandes qui seront produites par des prétendans droit sans justification à l'effet d'éviter la déchéance prononcée par l'art. 4 de la loi.

Art. 9. Les réclamations tendantes à obtenir l'indemnité, devront être formées à peine de déchéance et nonobstant toutes déclarations sommaires faites antérieurement à la promulgation de la loi, dans le délai d'un an pour les habitans du royaume, lequel délai court pour chaque réclamant du jour de la promulgation de la loi dans le département où est établi son domicile; de dix-huit mois pour ceux qui habitent dans les autres Etats de l'Europe et de deux ans pour ceux qui demeurent hors l'Europe.

En conséquence, à la fin du jour de l'expiration des délais ci-dessus relatés, et, à partir de la promulgation de la loi dans le département le plus éloigné de Paris, il sera procédé, à la réquisition du commissaire du Roi, et en présence des présidens des trois sections de la Commission, à la clôture des registres. Le résultat de cette opération sera constaté par un procès-verbal indiquant l'heure de la clôture et le nombre de demandes portées au sommier.

Art. 10. Les demandes en indemnité présentées à l'enregistrement après le délai d'un an jusqu'à celui de dix-huit mois, devront être accompagnées de la preuve authentique que le réclamant habitait dans les autres Etats de l'Europe, au moment de la promulgation de la loi.

Les demandes qui seront présentées après dix-huit mois, jusqu'au terme de deux ans, seront appuyées de la preuve authentique qu'au moment de la promulgation de la loi le réclamant demeurait hors de l'Europe.

TITRE II.

Du Commissaire du Roi et de la Commission de liquidation.

Art. 11. A la réception et après l'enregistrement des demandes par le secrétaire en chef, elles seront transmises au commissaire du Roi.

Art. 12. Le commissaire du Roi procédera à l'instruction des demandes dans l'ordre de leur arrivée. Il est spécialement chargé d'examiner, 1° s'il y a lieu à demander au réclamant, conformément à l'article 3 de la loi, la preuve que ni lui ni ses auteurs n'ont la faculté d'exercer le droit de propriété dans l'île d'Haïti ; 2° il vérifiera les titres justificatifs des qualités du réclamant, les titres produits par lui à l'effet de justifier de son droit à la propriété des biens-fonds pour lesquels il demande l'indemnité, et enfin les actes et documens ou toutes autres pièces fournies à l'appui de la demande pour servir à l'appréciation de la valeur des biens-fonds et au règlement de l'indemnité.

Art. 13. Si les titres produits par les parties pour justifier de leurs droits et qualités, paraissent insuffisans on irréguliers au commissaire du Roi, ou s'il s'élève entre les divers réclamans des contestations sur leurs droits respectifs, il requerra leur renvoi préalable devant les tribunaux par des conclusions motivées qui seront transmises au secrétariat avec toutes les pièces fournies par les prétendans droit.

Art. 14. A l'égard des demandes qu'il estimera régulières, sous le rapport des droits et qualités des parties, il les remettra au secrétariat avec un avis, lequel portera également sur la quotité de l'indemnité réclamée et sur la valeur attribuée aux immeubles.

Le commissaire pourra aussi requérir, s'il y a lieu, que la décision des réclamations soit ajournée jusqu'à plus ample informé, ou jusqu'à production des justifications qu'il indiquera.

Art. 15. Le secrétaire en chef communiquera aux parties, au domicile qu'elles auront élu à Paris, les conclusions, avis ou réquisitoires du commissaire du Roi, afin qu'elles aient à fournir leurs mémoires et observations.

Art. 16. Aussitôt après que le dossier aura été rétabli au secrétariat par les réclamans, le secrétaire en chef inscrira leur demande par ordre de numéro et de date sur les registres spéciaux qui seront tenus pour chaque section, suivant les attributions conférées à chacune d'elles par l'article 23 ci-dessous.

Art. 17. La Commission de liquidation instituée par l'article 6 de la loi, sera divisée en trois sections, et composée de vingt-sept membres.

Art. 18. Les rapports seront faits dans chacune des sections par les membres qui en feront partie, et les affaires seront distribuées entre eux par le président.

Art. 19. Chaque section de la Commission se réunira trois fois par semaine, et plus souvent s'il est nécessaire, sur la convocation du président.

Art. 20. Les sections ne pourront délibérer qu'au nombre de cinq membres au moins ; en cas de partage, tous les autres membres de la section seront appelés pour le vider.

Art. 21. Le commissaire du Roi pourra assister aux séances de la Commission pendant l'audition des rapports.

Art. 22. Le secrétaire en chef est nommé par le président de notre Conseil des Ministres. Il tiendra la plume dans les assemblées générales de la Commission, ou lorsque deux sections seront réunies.

Il y aura, en outre, dans chacune des trois sections, et pour la rédaction sommaire du procès-verbal des séances, un secrétaire également nommé par le président de notre Conseil des Ministres.

Art. 23. La première section de la Commission connaîtra des réclamations relatives aux propriétés comprises dans les dix-huit paroisses composant les deux juridictions du fort Dauphin et du Cap.

La deuxième section connaîtra des réclamations relatives aux propriétés des dix-sept paroisses et de l'île de la Tortue, formant les trois juridictions du Port de Paix, de Saint-Marc et du Port au Prince.

La troisième connaîtra des réclamations relatives aux propriétés comprises dans les cinq juridictions du Petit Goave, de Jérémie et de Jacmel;

Le tout conformément au tableau annexé à notre présente ordonnance sous le n° 3.

Art. 24. Les dispositions contenues au précédent article ne feront pas obstacle à ce que les réclamations d'un même ayant-droit, et dont l'examen est attribué à diverses sections, ne soient comprises dans une seule liquidation si elles sont en état, et si le réclamant le demande.

Dans ce cas, elles seront soumises à celle des sections qui, à raison de la situation des biens-fonds donnant ouverture à l'indemnité, était appelée à connaître de la plus forte réclamation.

Art. 25. Les affaires dans lesquelles un

des membres de la section se trouvera personnellement intéressé, seront renvoyées à une autre section. Le renvoi aura lieu ainsi qu'il suit : si l'affaire concerne un membre de la première section, elle sera attribuée à la deuxième ; si elle concerne un membre de la deuxième, elle sera attribuée à la troisième ; elle sera renvoyée à la première dans le cas où elle serait relative à un membre de la troisième section. En cas de parenté ou d'alliance, les règles tracées par le titre XXI du Code de procédure civile seront observées.

Art. 26. En cas de contestation par une autre prétendant droit, des qualités et droits du réclamant, la Commission ordonnera préalablemnt le renvoi des parties devant les tribunaux.

Art. 27. Lorsque le renvoi devant les tribunaux aura été requis par le commissaire du Roi pour cause d'insuffisance ou d'irrégularité dans les titres justificatifs des qualités et droits du réclamant, il sera statué avant faire droit sur cette réquisition, ainsi qu'il appartiendra.

Il en sera de même dans le cas prévu au deuxième paragraphe de l'art. 14 ci-dessus.

Art. 28. Quand la justification des qualités et des droits n'aura pas été contestée, ou quand il aura été statué par les tribunaux, la Commission, après qu'il lui aura été rendu compte de la demande du réclamant, de l'avis du commissaire du Roi, et après avoir entendu le rapporteur dans ses conclusions, et le commissaire du Roi, s'il le demande, procédera par une seule et même décision, 1° à la reconnaissance des droits et qualités; 2° à l'appréciation des biens suivant leur consistance à l'époque de la perte, et d'après la valeur commune des propriétés dans la colonie en 1789, et 3° au règlement de l'indemnité au dixième de cette valeur.

Art. 29. Si une enquête a été demandée par la partie ou par le commissaire du Roi, ou si elle est jugée nécessaire par la Commission, la décision qui l'autorise ou qui l'ordonne en déterminera la forme comme aussi les fonctionnaires qui la recevront et les personnes qui y seront appelées.

L'exécution en sera suivie conformément au paragraphe 6 de l'article ci-dessus.

Art. 30. Les délibérations de la Commission seront signées du président et du rapporteur. Elles seront transmises au commissaire du roi en double expédition par le secrétaire en chef.

Art. 31. Dans la huitaine de la transmission qui lui aura été faite de la décision, le commissaire du Roi la notifiera aux parties, au domicile qu'elles auront élu.

Il pourra déclarer dans l'acte de notification qu'il n'entend pas user de la faculté qui lui est réservée par l'art. 7 de la loi, et néanmoins il conservera le droit de former appel incidemment, si la partie se pourvoit contre la décision.

Art. 32. Si l'acte de notification ne contient pas la déclaration mentionnée en l'article précédent, le commissaire du Roi aura la faculté d'interjeter appel jusqu'à l'expiration du délai de trois mois, à partir du jour de la notification.

Art. 33. Dans le même délai, les ayant-droit qui se croiront fondés à réclamer contre une décision de la Commission, devront interjeter appel ainsi qu'il sera dit ci-après, article 34.

Dans ce cas, il sera sursis à l'ordonnancement de la somme liquidée jusqu'à la décision à intervenir.

Art. 34. En cas d'appel d'une décision, soit de la part du commissaire du Roi, dans l'intérêt de la masse des colons, soit par les réclamans, conformément aux dispositions de l'art. 5 de la loi, il sera interjeté par une déclaration faite au secrétariat de la Commission.

Cette déclaration devra être appuyée des motifs de l'appel; il en sera donné communication au commissaire du Roi ou à la partie par le secrétaire en chef; le tout dans les formes indiquées aux art. 11 et 15 de la présente ordonnance.

Art. 35. Les dispositions contenues aux articles 12, 14, 16, 18, 21, 25, 28, 30 et 31 ci-dessus, seront applicables aux jugemens

sur appel, lesquels sont attribués par l'art,
5 de la loi aux deux sections qui n'auront
pas rendu la décision.

La présidence des deux sections appartiendra au plus ancien des deux présidens,
dans l'ordre des nominations.

Art. 36. Dans le cas prévu au deuxième
paragraphe de l'article 32 ci-dessus, les
ayant-droit à l'indemnité pourront en requérir l'ordonnancement immédiat à leur
profit, en déclarant qu'ils n'entendent pas
exercer de pourvoi. Leur demande à cet
effet contiendra en outre l'indication du
département où ils veulent être payés;
à défaut de cette déclaration, l'ordonnancement n'aura lieu qu'après l'expiration
du délai de trois mois, accordé par le pourvoi par l'art. 5 de la loi.

Art. 37. Tous les mois, le commissaire
du Roi fera dresser et transmettra au directeur-général de la caisse des dépôts et
consignations un tableau comprenant les
liquidations pour lesquelles les ayant-
droit auront fait les déclarations voulues
par l'article précédent, celles d'une date
antérieure à trois mois, au sujet desquelles

il n'aura pas été formé de pourvoi, et celles devenues définitives par un jugement sur appel.

Art. 38. A la réception du tableau mentionné à l'article précédent, le directeur général de la caisse des dépôts et consignations fera expédier au nom des ayant-droit et par cinquième, d'année en année, les mandats de paiement par imputation sur le crédit spécial de 150 millions affectés à l'indemnité des anciens colons de Saint-Domingue.

Art. 39. L'ordonnancement du dernier cinquième sera accru ou diminué au centime le franc des indemnités liquidées, de l'excédent ou déficit qui sera reconnu lorsque la liquidation aura été terminée et sans aucune déduction au profit de l'Etat pour propriétés publiques, ainsi que pour les propriétés particulières qui lui seraient échues par déshérences, de manière que l'indemnité totale de cent cinquante millions soit intégralement employée au profit des ayant-droit.

Art. 40. Dans chaque mandat de paiement, le cinquième de la somme liquidée sera, s'il y a lieu et conformément à l'article 14 de l'ordonnance du 3 juillet 1816, augmenté de l'intérêt y afférant sur la partie correspondante des 150 millions affectés à l'indemnité totale qui aura été versée dans la caisse des dépôts et consignations.

Art. 41. Les opérations du directeur général de la caisse des dépôts et consignations seront soumises à l'examen et à la vérification de la Commission de surveillance instituée près la caisse des dépôts et consignations.

Art. 42. Les mandats de paiement seront acquittés à Paris par le caissier de la caisse des dépôts et consignations et dans les départemens par les receveurs-généraux des finances en leur qualité de correspondans de ladite caisse.

Art. 43. Lorsque le porteur de la lettre d'avis sera autre que la partie dénoncée au mandat, il devra, pour en toucher le montant, justifier d'un pouvoir spécial établi en due forme.

Art. 44. Conformément aux dispositions de l'art. 13 de la loi, le commissaire du Roi remettra annuellement à notre ministre secrétaire d'état des finances pour être distribué aux Chambres, le tableau des liquidations opérées contenant par ordre alphabétique le nom des réclamans, le montant de l'indemnité, la désignation et la situation de l'objet pour lequel elle aura été accordée. Ce tableau sera certifié par le secrétaire en chef de la Commission, visé par les présidens de section et par le commissaire du Roi.

A la même époque, le directeur-général de la caisse des dépôts et consignations remettra à la Commission de surveillance, pour être compris dans son rapport annuel, un semblable tableau indiquant la situation des mandats délivrés et des paiemens effectués.

TITRE III.

Des créanciers des colons.

Art. 45. Les créanciers des colons de St.-Domingue devront, s'ils veulent user de la faculté qui leur est conférée par l'art. 9 de la loi, de former saisie-arrêt sur l'indemnité due à leurs débiteurs, pour un dixième du capital de leur créance, signifier leur opposition à la caisse des dépôts et consignations (bureau du contentieux).

Ces oppositions seront faites, et l'effet en sera suivi dans les formes prescrites par les lois.

Art. 46. Lorsque les créanciers des colons de Saint-Domingue présenteront, en leur qualité d'ayant-cause, une demande en indemnité au lieu et place de leur débiteur, ils seront tenus de la former dans les délais fixés pour les ayant-droit et de fournir toutes les pièces et de faire toutes les justifications imposées à la partie elle-même.

Néanmoins, la réclamation ne sera instruite et soumise à la Commission qu'après que le créancier aura été autorisé par l'ayant-droit ou par justice à exercer les droits et actions de son débiteur.

TITRE IV.

Dispositions générales,

Art. 47. Les anciens colons de Saint-

Domingue, leurs héritiers, créanciers, donataires, légataires ou ayant-cause sont autorisés à se pourvoir auprès du garde des archives de la marine, à Versailles, en délivrance d'actes, titres ou documens relatifs aux biens-fonds qu'ils possédaient à Saint-Domingue.

Dans la demande qu'ils formeront à cet effet, ils indiqueront, autant que possible, le nom de la juridiction et de la paroisse, et l'année dans lesquelles l'acte réclamé aura été passé, ainsi que le nom du notaire qui l'aura reçu.

Art. 48. Les titres produits par les parties ou par le commissaire du Roi, ainsi que les pièces et documens qui auront servi à la liquidation des indemnités, et les rapports présentés à la Commission, resteront déposés entre les mains du secrétaire en chef.

La liquidation consommée, tous les dossiers qui s'y rattacheront, seront, sur la réquisition du commissaire du Roi, et à la diligence du secrétaire en chef, transmis aux archives de la marine et des colonies, à Versailles.

Art. 49. Conformément aux dispositions de l'art. 10 de la loi, il ne sera perçu aucun droit de succession sur l'indemnité accordée aux anciens colons de Saint-Domingue, et les titres et actes de tout genre qui seront produits par les réclamans ou leurs créanciers, soit devant la Commission, soit devant les tribunaux, pour justifier de leurs qualités et de leurs droits, seront dispensés de l'enregistrement et du timbre. En conséquence, le garde des archives de la marine, à Versailles, est autorisé à délivrer sur papier libre les extraits-copies ou tous autres documens relatifs à la liquidation des anciens colons de Saint-Domingue.

Art. 5o. Aux termes de l'art. 11 de la loi, lorsqu'il s'élèvera des contestations entre divers prétendans droit à la succession d'un colon qui n'avait pas de domicile en France, et qui n'y est pas décédé, ou entre eux et ses créanciers, elles seront attribuées au tribunal du domicile du défendeur, et s'il y en a plusieurs, au tribunal du domicile de l'un d'eux, au choix du demandeur.

La déclaration d'acceptation sous bénéfice d'inventaire de la succession d'un colon qui n'avait pas de domicile en France, et qui n'y est pas décédé, sera reçue au greffe du tribunal de la Seine.

Art. 51. Les réclamans qui seront en contestation sur leurs droits respectifs ou sur la part afférente à chacun d'eux dans une liquidation, pourront, s'ils administrent la preuve de la réunion en leurs personnes de tous les droits et qualités, demander que la liquidation soit faite collectivement et sans attribution à aucun d'entre eux. Dans ce cas, l'indemnité restera déposée à la Caisse des dépôts et consignations, et ne pourra être touchée par les ayant-droit qu'après règlement et partage, soit à l'amiable, soit par justice, et lorsque notification en aura été faite dans les formes légales au directeur général de ladite Caisse.

Art. 52. Toutes les lettres et paquets adressés au commissaire du Roi et au secrétaire en chef de la Commission, leur seront remis en franchise de droit.

Art. 53. Les réclamans établis hors du territoire européen de la France, pourront remettre leurs demandes en indemnité, dans nos colonies, aux administrateurs coloniaux, et dans les pays étrangers, à nos ambassadeurs, consuls, vice-consuls et résidens, lesquels transmettront ces pièces au secrétariat de la Commission, par l'intermédiaire de notre Ministre secrétaire-d'État au département des affaires étrangères.

Les demandes qui parviendront par ce moyen au secrétariat, n'auront d'effet que du jour de leur inscription sur le registre mentionné en l'article 7 ci-dessus.

Art. 54. Le Président de notre conseil des Ministre est chargé de l'exécution de la présente ordonnance, qui sera insérée au Bulletin des lois.

Donné en notre château de Compiègne,

le 9ᵉ jour du mois de mai de l'an de grâce 1826, et de notre règne le deuxième.

CHARLES.

Par le Roi,

Le Président du conseil des Ministres,

Jh. DE VILLÈLE.

* * *

ORDONNANCE ROYALE

Du 9 mai 1826.

Indemnité attribuée aux anciens Colons de Saint-Domingue.

Déclaration de propriété.

(MODÈLE N° 1ᵉʳ.)

A MM. les Président et Membres de la Commission de liquidation.

Je soussigné   natif de
arrondissement de

département de   habitant
et domicilié dans l'arrondissement de
département de
appelé par la loi du 30 avril 1826 à faire
valoir mes droits au partage de l'indemnité attribuée aux anciens colons de Saint-
Domingue, déclare :

Nota. Si la déclaration est faite collectivement,
les noms, prénoms, etc., des réclamans devront
être relatés.

1°. Faire élection de domicile à Paris,
chez M.   demeurant rue de   n°

2°. Me présenter en qualité de

Indiquer ci-contre la qualité de propriétaire
en 1789, d'héritier, de donataire, de légataire,
ou d'ayant-cause, c'est-à-dire, de créancier, cessionnaire, ou acquéreur.

Si la déclaration est faite en toute autre qualité qu'en celle de propriétaire en 1789, elle devra indiquer les noms et prénoms du propriétaire
en 1789, des biens dénommés ci-après, et ceux
des héritiers intermédiaires.

3°. Réclamer l'indemnité à liquider conformément à la loi pour la propriété con-

nue en 1789 sous la dénomination de
situé

Indiquer avec le plus de précision possible le nom de la propriété et ceux de la partie de la colonie, de la juridiction, de la paroisse et du quartier où elle était située; énoncer si l'indemnité est réclamée pour tout ou seulement partie de la propriété.

consistant

Déclarer,
Si la propriété est rurale:
La contenance et le nombre de carreaux; le genre ou les divers genres de culture et d'exploitation; la distance de l'embarcadère, les abornemens par les quatre points cardinaux; le nombre des nègres, négresses, négrillons et négrittes, avec indication, s'il y a lieu, de la portion des ateliers attachés à l'exploitation qui aurait été cédée ou vendue au gouvernement anglais, ou emmenée par les propriétaires dans d'autres colonies ou en pays étrangers; le nombre et la nature des bâtimens, des usines, des moulins, des cabrouets; le nombre des chevaux et mulets; le nombre et l'espèce des bêtes à cornes, à poils, à laine attachées à la propriété; la quantité en quintaux, poids de marc (ancienne mesure de poids à Saint-Domingue), des denrées récoltées en 1789 ou dans l'année la plus rapprochée de ladite époque.

Si la propriété est urbaine :

Sa localité dans la partie nord, ouest ou sud ; le nom des ville, bourg, ou embarcadère dans lesquels la propriété est située ; sa nature (hôtels maisons ou magasins) ; le montant du loyer et celui de l'imposition annuelle ;

Ajouter enfin, dans l'un comme dans l'autre cas, toutes les informations que les réclamans croiront utiles.

Si la valeur des propriétés réclamées est établie dans des actes authentiques produits avec la déclaration, mention sera faite de la valeur portée auxdits actes.

4°. A l'appui des énonciations ci-dessus, produire et annexer à la présente réclamation les titres justificatifs ci-après décrits au nombre de   savoir :

Indiquer ci-contre, et par ordre de numéro, les pièces justificatives des droits à l'hérédité et à la propriété, et de la valeur à attribuer à la propriété.

ORDONNANCE ROYALE

Du 6 mai 1826.

Indemnité attribuée aux anciens Colons de Saint-Domingue.

—

Déclaration de propriété.

—

(MODÈLE N° 2.)

A MM. les Président et Membres de la Commission.

Je soussigné   natif de
arrondissement de   département de   habitant et domicilié dans l'arrondissement d
appelé par la loi du 30 avril 1826 à faire
valoir mes droits au partage de l'indemnité attribuée aux anciens colons de Saint-
Domingue, déclare :

Nota. Si la déclaration est faite collectivement, les noms, prénoms, etc., de tous les réclamans devront être relatés.

1°. Faire élection de domicile à Paris, chez M.   demeurant rue de   n°

2°. Me présenter en qualité de

Indiquer ci-contre la qualité de propriétaire en 1789; d'héritier; de donataire; de légataire ou d'ayant-cause (c'est-à-dire de créancier, cessionnaire ou acquéreur).

Si la déclaration est faite en toute autre qualité qu'en celle de propriétaire en 1789, elle devra indiquer les noms et prénoms du propriétaire en 1789, des biens dénommés ci-après, et ceux des héritiers intermédiaires.

3°. Réclamer l'indemnité à liquider conformément à la loi pour la propriété connue en 1789, sous la dénomination de
située

Indiquer le nom de la propriété et ceux de la partie de la colonie, de la juridiction, de la paroisse et du quartier où elle était située. Énoncer si l'indemnité est réclamée pour tout ou seulement partie de la propriété.

consistant

Indiquer, autant que faire se pourra,
Si la propriété est rurale :
La contenance et le nombre de carreaux; le genre ou les divers genres de culture et d'exploi-

tation; la distance de l'embarcadère; les abornemens par les quatre points cardinaux; le nombre des nègres, négresses, négrillons et négrittes, avec indication, s'il y a lieu, de la portion des ateliers attachés à l'exploitation qui aurait été cédée ou vendue au gouvernement anglais, ou emmenés par les propriétaires dans d'autres colonies ou en pays étrangers; le nombre et la nature des bâtimens, des usines, des moulins, des cabrouets; le nombre de chevaux, de mulets; le nombre et l'espèce de bêtes à cornes, à poils, à laine, attachés à la propriété; la quantité en quintaux, poids de marc (ancienne mesure de poids à Saint-Domingue), des denrées récoltées en 1789, ou dans l'année la plus rapprochée de ladite époque.

Si la propriété est urbaine:

Sa localité dans la partie nord, ouest ou sud, le nom de la ville, bourg ou embarcadère dans lesquels la propriété était située; sa nature (hôtels, maisons ou magasins); le montant du loyer et celui de l'imposition annuelle;

Ajouter enfin dans l'un comme dans l'autre cas, toutes les informations que le réclamant croirait utiles.

Si la valeur des propriétés réclamées est établie dans des actes authentiques produits avec la déclaration, mention sera faite de la valeur portée auxdits actes.

4°. A l'appui des énonciations ci-dessus, produire, et annexer à la présente réclamation les titres justificatifs ci-après décrits au nombre de   savoir :

Indiquer ci-contre et par ordre de numéro, les pièces produites par le réclamant pour justifier de ses droits à l'hérédité, de la propriété, et de la valeur à attribuer à la propriété.

5°. Je déclare de plus, en conformité de l'art. 6 de l'ordonnance royale du 9 mai 1826, qu'il m'est impossible de représenter

Énoncer ici : les justifications que le réclamant ne peut produire ; si elles se rapportent au droit de propriété sur le bien-fonds pour lequel on réclame ; ou si elles sont relatives à la valeur à attribuer aux immeubles. Dans les deux cas, la déclaration doit être accompagnée d'un certificat du garde des archives de la marine à Versailles, portant qu'il n'existe aucun document relatif aux biens réclamés.

Attendu que

Rapporter ici les causes générales ou particulières qui s'opposent à la production des justifications ci-dessus mentionnées.

Je demande en conséquence, qu'il me

soit fait application des dispositions de la loi du 30 avril 1826 et de l'ordonnance du 9 mai suivant, et qu'à cet effet il plaise à MM. les présidens et membres de la Commission de m'autoriser à suppléer l'absence desdits titres et pièces en établissant par voie d'enquête.

Suivra l'énumération des faits et circonstances sur lesquels doit porter l'enquête.

Me bornant à indiquer comme pouvant être entendues dans ladite enquête les personnes ci-après dénommées.

Le réclamant devra donner ici les noms, prénoms, domiciles et qualités des personnes qu'il désirera faire entendre.

ÉTAT N° 3.

INDEMNITÉ ATTRIBUÉE AUX ANCIENS COLONS DE SAINT-DOMINGUE.

Distribution du travail entre les trois sections de la Commission suivant l'ordre de service établi par l'article 23 de l'ordonnance du 9 mai 1826.

Juridⁿ	N°	PREMIÈRE SECTION.	Juridⁿ	N°	DEUXIÈME SECTION.	Juridⁿ	N°	TROISIÈME SECTION.
Fort Dauphin.	1	Ouanaminthe.	Port de Paix.	19	Saint-Louis.	Jér. Petit Goave.	35	Grand Goave.
	2	Fort Dauphin.		20	Port de Paix.		36	Petit Goave.
	3	Terrier-Rouge.		21	Gros Morne.		37	Fond des Nègres.
	4	Le Trou.		22	Jean Rabel.		38	Anse à Veau.
	5	Valière.		23	Môle Saint-Nicolas.		39	Petit Trou.
Le Cap.	6	Limonade.		24	Bombarde.		40	Jérémie.
	7	Quartier Morin.		25	Port à Piment.		41	Cap Dame-Marie.
	8	Grande-Rivière.		25	île de la Tortue.	Jacmel St.-L^s. Cayes.	42	Cap Tiburon.
	9	Dondon.	P. au Prince. S.-Marc.	26	Les Gonaïves.		43	Les Coteaux.
	10	Marmelade.		27	Saint-Marc.		44	Port Salut.
	11	Petite-Anse.		28	La Petite Rivière.		45	Torbeck.
	12	Cap Français.		29	Les Verettes.		46	Les Cayes.
	13	La Plaine du Nord.		30	Mirebalais.		47	Cavaillon.
	14	L'Acul.		31	L'Arcahaye.		48	Saint-Louis.
	15	Le Limbé.		32	La Croix des Bouquets.		49	Acquin.
	16	Port Margot.		33	Port au Prince.		50	Baynet.
	17	Borgne.		34	Léogane.		51	Jacmel.
	18	Plaissance et Pilate.					52	Cayes de Jacmel.

CHARLES, PAR LA GRACE DE DIEU, ROI DE FRANCE ET DE NAVARRE,

A tous ceux qui ces présentes verront, salut :

Vu la loi du 30 avril 1826 ;

Vu notre ordonnance en date de ce jour, et spécialement les art. 17 et 23 ;

Sur le rapport du Président de notre conseil des Ministres ;

Nous avons ordonné et ordonnons ce qui suit :

Art. 1ᵉʳ. Sont nommés membres de la Commission chargée de la répartition de la somme de 150 millions affectée aux anciens colons de Saint-Domingue,

Notre cousin le duc de Lévis, Ministre-d'État ;

Les Srs Vicomte Lainé, Ministre-d'État ;

Baron Portal, Ministre-d'État ;

Comte d'Argout, Pair de France ;

Baron de Montalembert, Pair de France ;

Comte de Pontécoulant, Pair de France ;

Les S^{rs} De Gerès, membre de la Chambre
    des Députés ;
Strafforello, *idem* ;
Fadate de Saint-Georges, *idem* ;
Marquis de Nicolaï, *idem* ;
Comte de Blangy, *idem* ;
André, *idem* ;
Malouet, maître des requêtes, an-
    cien préfet ;
De Kersaint, maître des requêtes ;
Villiers du Terrage, maître des re-
    quêtes, ancien préfet ;
Lamardelle, maître des requêtes ;
De Frasans, conseiller à la Cour
    royale de Paris ;
Chrestien de Poly, *idem* ;
Devergès, conseiller auditeur à la
    Cour royale de Paris ;
Engelier, ancien préfet ;
Derville Maléchard, *idem* ;
De Flanet, ancien propriétaire à
    Saint-Domingue ;
Comte de Gallifet, colonel ;
Comte Alex. de Laborde, ancien
    propriétaire à Saint-Domingue ;

Les Srs Bouteiller, conseiller de préfecture
à Nantes ;

Marquis Fournier de Bellevue, ancien propriétaire à Saint-Domingue ;

Michel de Tharon, *idem.*

Art. 2. Conformément à l'article 6 de
la loi du 30 avril 1826, la Commission
sera divisée en trois sections, composées
chacune comme il suit :

Première section.

Notre cousin le duc de Lévis, Ministre-
d'État, Président ;

Les Srs Baron de Montalembert, Pair de
France ;

De Gérès, membre de la Chambre
des Députés ;

Marquis de Nicolaï, *idem ;*

Malouet, maître des requêtes ;

Lamardelle, *idem ;*

Chrestien de Poly, conseiller à la
Cour royale de Paris ;

De Flanet, ancien propriétaire à
Saint-Domingue ;

Bouteiller, conseiller de préfecture à Nantes.

Seconde section.

Les Srs Vicomte Lainé, Ministre-d'État, Président ;

Comte de Pontécoulant, Pair de France ;

Strafforello, membre de la Chambre des Députés ;

Comte de Blangy, *idem ;*

De Kersaint, maître des requêtes ;

De Frasans, conseiller à la Cour royale de Paris ;

Derville Malechard, ancien préfet ;

Comte de Gallifet, colonel ;

Michel de Tharón, ancien propriétaire à Saint-Domingue.

Troisième section.

Les Srs Baron Portal, Ministre – d'État, Président ;

Comte d'Argout, Pair de France ;

Fadate de Saint-Georges, membre
de la Chambre des Députés ;
André, *idem* ;
Villiers du Terrage, maître des
requêtes ;
De Vergès, conseiller-auditeur à
la Cour royale de Paris ;
Angellier, ancien préfet ;
Comte Alex. de Laborde, ancien
propriétaire à Saint-Domingue ;
Marquis Fournier de Bellevue, *id.*

Art. 3. Le travail sera réparti entre les trois sections, conformément à l'ordre de service établi par l'article 23 de notre ordonnance en date de ce jour.

Art. 4. Le sieur Simonneau, membre de la Chambre des Députés, conseiller à la Cour royale de Paris, est nommé notre commissaire près la Commission.

Art. 5. Le Président de notre conseil des Ministres est chargé de l'exécution de la présente ordonnance, qui sera insérée au Bulletin des lois.

Donné au château de Compiègne, le

neuvième jour du mois de mai de l'an de
grâce 1826 , et de notre règne le deuxième.

CHARLES,

Par le Roi :

Le Président du conseil des Ministres,

JH. DE VILLÈLE.

TABLEAU

CHRONOLOGIQUE ET ANALYTIQUE

DES LOIS

SUR LES SUCCESSIONS DEPUIS 1789.

———

1790.

20 février, 19 et 20 mars — 26 mars. Les religieux sont incapables de succéder.

15—28 mars. Le droit d'aînesse, de masculinité dans le partage des biens nobles est aboli.—Exception est faite en faveur de ceux qui sont actuellement mariés ou veufs avec enfans. — Le droit prohibitif des donations est supprimé.

19—26 mars. Les religieux sont capables de recueillir préférablement au fisc.

19—23 juillet. Les droits seigneuriaux sur les successions sont abolis.

19 —27 septembre. Les biens féodaux ou censuels sont régis, pour les successions, par le même droit que les biens allodiaux.

8—14 octobre. Les religieuses sorties de leurs maisons sont incapables de succéder. —Exception. — Succession des curés réguliers.

22 novembre — 1er décembre. Succession du conjoint à défaut de parent et de l'État en cas de vacance ou d'abandon.

18—29 décembre. Les rentes foncières quoique rachetables, conservent leur nature pour le mode de transmission.

1791.

29 janvier — 11 février. Un notaire doit procéder aux inventaires, partages et liquidations qui intéressent les absens.

6—27 mars. Le juge de paix procède à l'apposition des scellés sur les successions qui intéressent des mineurs émancipés ou des héritiers absens.

8—15 avril. Abolition des inégalités résultantes du sexe, de la primogéniture, et de la naissance de divers mariages. Exception pour les institués contractuellement ou mariés, ou veufs sans enfans.

8—15 avril. Les étrangers sont admis à succéder en France, et à transmettre leur succession.

13—15 avril. Abolition de plusieurs droits relatifs aux successions ci-devant annexés aux justices seigneuriales.

28, 30 avril — 13 mai. La caisse de la marine recueille les successions, non réclamées, des marins et autres personnes mortes en mer.

27 juin — 6 août. Succession des domaniers congéables.

5—12 septembre. Les clauses prohibitives ou impératives contraires aux lois, aux mœurs ou à la liberté, sont réputées non écrites.

29 septembre — 6 octobre. Les notaires peuvent représenter les absens dans les inventaires, comptes, partages, ventes et autres opérations amiables.

1792.

25 août — 2 septembre. Il n'est plus permis de substituer.

14—25 novembre. Les substitutions sont abolies.

1793.

4 janvier. Les exceptions faites à l'abolition du droit d'aînesse par les decrets des 15 mars 1790 et 8 avril 1791, sont supprimées

7 mars. Abolition de la faculté de disposer en ligne directe.

28 mars. L'État succède aux émigrés, les actes de vente, les dispositions successives faites par eux sont nuls.

4 juin. Les enfans nés hors mariage succèdent à leurs père et mère.

19 juillet. Les héritiers jouissent du droit d'auteur dix ans après la mort de ce dernier.

31 juillet. Suspension des procès entre les enfans naturels et leurs parens, pour cause de succession.

2 septembre. Interprétation de l'art. 332 de la coutume de Normandie.

30 septembre. Interprétation de l'art. 296 de la même coutume; tout retrait est aboli.

AN 2.

18 vendémiaire. Abolition du droit exclusif de succession entre des enfans de divers mariages.

5 brumaire. Loi sur les successions. — Partage égal entre enfans. — Réduction des avantages entre époux, s'il y a des enfans. — Admission de religieux et religieuses aux successions. — Obligation de rapporter. — Fixation, réduction de la quotité disponible. — Représentation admise en ligne directe et collatérale.

12 brumaire. Droits des enfans nés hors mariage.

5 frimaire. Conservation des libéralités aux serviteurs peu fortunés.

5 frimaire — 22 ventôse. Effet des renonciations aux successions.

17 nivose. Règles de successibilité entre

ascendans, descendans, collatéraux. — Effet-rétroactif en matière de succession.

17 nivose. Égalité de droits entre les héritiers naturels, riches ou pauvres.

28 nivose. Interprétation des lois des 25 août 1792 et 9 brumaire an 2, relatives aux droits féodaux, aux successions des main-mortables.

13 pluviose. Rectification d'une erreur qui s'est glissée dans les articles 84 et 85 de la loi du 17 nivose.

11 ventose. Apposition de scellés sur les successions échues aux défenseurs de la patrie.

18 ventose. Interprétation de la loi du 19 juillet 1790, concernant le retrait.

22 ventose. Solution de plusieurs difficultés relatives à la loi du 17 nivose.

23 ventose. Article additionnel à la loi du 17 nivose.

6 germinal. Rectification d'une erreur dans la neuvième des questions résolues par la loi du 22 ventose.

24 germinal. Les contestations sur la succession d'un Suisse décédé en France,

doivent être portées devant les tribunaux de son pays.

2 floréal. *Idem* des contestations entre héritiers français d'un Génois décédé à Gênes.

10 floréal. Interprétation de la loi qui abolit les retraits. — Le retrait de convenance ou successoral est supprimé.

3 messidor. Action à exercer contre le cohéritier qui a dilapidé une succession au préjudice d'un absent.

4 thermidor. Successions des accusés contumaces.

9 fructidor. Addition à la loi du 17 nivose.

9 fructidor. Solution et dispositions relatives aux successions.

16 fructidor. Les dispositions de la loi du 11 ventose, relatives aux scellés apposés sur les effets des défenseurs de la patrie, sont communes aux officiers de santé, et tous autres citoyens attachés aux armées de la république.

1er Complémentaire, solution de questions relatives aux successions des enfans nés hors mariage.

12 brumaire. Succession des détenus et des suspects.

5 floréal. Suspension de toute action intentée à l'occasion de l'effet rétroactif résultant de la loi du 17 nivose.

21 prairial. Restitution des biens des condamnés à leurs héritiers.

24 messidor. Rapport des décrets du 22 août 1793, relatifs aux biens des religionnaires fugitifs.

25 messidor. Suspension provisoire des remboursemens.

18 thermidor. Exception faite à la précédente loi en faveur des héritiers bénéficiaires.

9 fructidor. Abolition de l'effet rétroactif des lois des 5 brumaire et 17 nivose an 2.

22 fructidor. Loi pour la remise des biens des prêtres déportés.

AN 3.

28 fructidor. Mode de liquidation des

créances sur les biens indivis avec les émigrés.

29 fructidor. Liquidation des créances sur les parens des émigrés dont les successions sont ouvertes au profit de la nation.

1er Complémentaire, addition au décret du 9 décembre 1790, relatif à la restitution des biens des religionnaires fugitifs.

AN 4.

3 vendémiaire. Mode d'exécution du décret du 9 fructidor qui a aboli l'effet rétroactif des lois de brumaire et de ventose.

23 vendémiaire. Liquidation des créances d'une succession acceptée par un héritier émigré.

26 Vendémiaire. Suspension de l'exécution de l'article 13 de la loi du 3 vendémiaire an 4, relative aux enfans nés hors mariage.

26 floréal. Ceux dont les biens ont été séquestrés, en vertu de la loi du 17 frimaire an 2, sont admis au partage de ces biens.

23 floréal. Les actes connus sous le nom de *clôtures d'inventaire*, *depôts d'inventaires au greffe*, seront reçus par les juges de paix.

12 prairial. Les biens des ecclésiastiques sujets à la réclusion, qui ont préféré la déportation, sont remis à leurs héritiers présomptifs.

20. prairial. Mode pour statuer sur le prédécès de plusieurs individus réciproquement héritiers, et morts dans une même exécution.

15 thermidor. Droits successifs des enfans naturels. — Abolition de toute rétroactivité.

30 thermidor. Partage de biens indivis avec des émigrés.

2 fructidor. Les religieuses émigrées sont incapables de succéder.

19 fructidor. Les héritiers des ecclésiastiques, dont la réclusion a été ordonnée par la loi du 3 brumaire, sont tenus de leur rendre leurs biens.

26 fructidor. La loi du 26 floréal an 3

n'est pas applicable aux ecclésiastiques sujets à la réclusion.

AN 5.

6 brumaire. Aucunes prescriptions ne peuvent être acquises contre les défenseurs de la patrie.

4 nivose. La prescription pourra être opposée par les héritiers des religionnaires fugitifs, s'ils ont possédé pendant trente ans.

7 nivose. Interprétation de l'art. 11 de la loi du 15 germinal an 4, concernant la remise des dépôts.

18 pluviose. Effets rétroactifs des lois des 5 brumaire et 17 nivose.

12 ventose. Arrêté du Directoire exécutif; concernant les droits successifs des enfans naturels.

22 prairial. Avis doit être donné au juge de paix de l'ouverture des successions dans lesquelles se trouvent des pupilles.

AN 6.

12 pluviose. Rectification des art. 84 et 85 de la loi du 17 nivose.

2 ventose. Interprétation de la loi du 15 thermidor sur le sort des enfans naturels.

19 germinal. Les successions échues à des émigrés appartiennent à la république.

AN 7.

8 messidor. La république n'a pas de droit sur les biens des émigrés, en cas de prépartage sur les successions.

AN 8.

17 ventose. Les conscrits succèdent comme défenseurs de la patrie.

4 germinal. Fixation de la quotité disponible eu égard aux ascendans, aux descendans, aux frères et sœurs, aux oncles et neveux.

AN 10.

5 frimaire. La réciprocité de succession est admise entre les Américains et les Français.

5 germinal. Avis du conseil d'État relatif aux émigrés.

6 floréal. Amnistie accordée pour fait

d'émigration. — Confirmation de partage de présuccession.

AN 11.

25 germinal. Droit de l'adopté dans la succession de l'adoptant.

AN 1803.

Code Civil. (Chacune des lois qui le composent portent une date particulière, qui se trouve indiquée dans tous les Codes.)

—————

QUESTION.

—

Les lois de sursis, en suspendant la prescription à l'égard du capital et des intérêts, ont-elles capitalisé ces intérêts au fur et à mesure de leur échéance, en telle sorte qu'on ne puisse plusleur appliquer que la prescription de trente ans?

Ces intérêts sont-ils devenus eux-mêmes productifs de nouveaux intérêts?

On peut dire, en faveur de la capitalisation des intérêts, que les créanciers ayant été, par suite des lois de sursis, dans l'impossibilité de réclamer *annuellement* le paiement des intérêts de leur créance, ces intérêts ont été successivement réunis au capital, pour ne faire qu'un avec lui. Le caractère distinctif des intérêts est l'exigibilité annuelle ; lorsque ce caractère s'évanouit ; lorsque la loi enlève au créancier le droit de demander annuellement le payement des intérêts, ces derniers forment, au fur et à mesure de leur échéance, un autre capital.

Ces raisons sont spécieuses ; cependant nous ne les croyons pas solides.

Si les lois de sursis ont interdit aux créanciers des colons le droit de demander annuellement le paiement des intérêts, tout ce qu'on peut en conclure c'est que la prescription des intérêts a été suspendue pendant tout le tems du sursis. Il y a entre le sursis d'une part et la suspension de la prescription des intérêts de l'autre, une corrélation nécessaire, mais de cette corrélation il ne faut pas conclure qu'un nouveau capital s'est formé.

En effet, s'il est de la nature des intérê d'être exigibles annuellement, céla n'est point de leur essence ; des intérêts qui d'après la convention des parties ne devraient être payés qu'en cas de remboursement du capital, seraient toujours des intérêts, et ne sauraient être considérés comme un autre capital, or, telle est absolument l'espèce de la question à cette différence près, que si les intérêts n'ont pas été annuellement exigibles, c'est par la volonté du législateur, et non par un effet de la convention des parties contractantes.

En déclarant que les intérêts ne peuvent être exigés, les lois de surséance ne leur ont pas enlevé leur caractère primitif, et dès lors du moment qu'ils ont pu être exigés, la prescription a commencé à courir à leur égard, et les créanciers qui auront laissé écouler sans faire de poursuite cinq années depuis la fin de la cession de 1819, pourront être poussés dans leur demande par l'exception de prescription.

Quant à la seconde question elle se trouve déjà implicitement résolue, il est certain que la capitalisation n'étant pas possible, l'anatocisme ne peut se baser sur rien.

D'ailleurs l'article 1154 est formel à cet égard, il pose en principe que les intérêts échus des capitaux ne peuvent produire intérêt que par une demande *judiciaire*, ou en vertu d'une convention des parties, et aucune des ces circonstances ne se rencontré dans l'espèce supposée.

FIN.

IMPRIMERIE DE A. HENRY,
Rue Gît-le-Cœur, n. 8.

Contraste insuffisant

NF Z 43-120-14